LATEIN IN UNSERER ZEI[T]

herausgegeben von
Werner Müller, Günter Lachawitz
Renate Oswald, Wolfgang J. Pietsc[h]

IOCUS – IAMBUS – SATURA

HEITERES UND HINTERGRÜNDIGES IN LATEINISCHEN TEXTEN

ausgewählt und erläutert von
Günter Lachawitz

mit einem Beitrag von
Walter Stockert

BRAUMÜLLER

Mit Bescheid des Bundesministeriums für Unterricht, Kunst und Kultur für den Unterrichtsgebrauch an nachstehend angeführtem Schultyp im Unterrichtsgegenstand **Latein** als geeignet erklärt:
GZ 45.009/1-V/9/04 vom 11. 11. 2005 für die 7. und 8. Klasse an allgemein bildenden höheren Schulen (sechsjähriges und vierjähriges Latein).

Dieses Werk wurde auf Grundlage eines zielorientierten Lehrplans verfasst. Konkretisierung, Gewichtung und Umsetzung der Inhalte erfolgen durch die Lehrerinnen und Lehrer.

Dieses Schulbuch folgt den Bestimmungen der **Neuregelung der deutschen Rechtschreibung**. Ausnahmen bilden Texte, bei denen künstlerische, philologische, lizenz- oder urheberrechtliche Gründe einer Adaptierung entgegenstehen.

Schulbuchnummer: 125295

2. Auflage 2008 (2.00)

Bildquellen: Cover-Abb.: Alfonso de Franciscis, La pittura pompeiana. Foto Giacomo Pozzi Bellini. Florenz: Sadea editore 1965 // Abb. 1: R. Green, E. Handley, Images of the Greek Theatre. British Museum Press 1995, Cover und Abb. 31 // Abb. 2, 6, 7, 17, 21: Foto G. Lachawitz // Abb. 3: Ansichtskarte N.N. // Abb. 4: Ansichtskarte Ediz. Enrico Verdesi, Rom. Vera Fotografia 47863 // Abb. 5: Ansichtskarte. Foto Jürgen Liepe, Berlin. Staatliche Museen zu Berlin • Verlag Philipp von Zabern, Mainz // Abb. 8, 9, 18, 30: Ansichtskarte. Plurigraf, Narni // Abb. 10, 14, 15: Sueton, Cäsarenleben, hrsg. u. erläuert v. Max Heinemann. Stuttgart: Kröner 1957, S. 472, S. 336 u. S. 440 // Abb. 11: Foto Dr. Hilde Bauer, Wien, G. Lachawitz // Abb. 12, 29: Ansichtskarte. Staatliche Kunstsammlungen Kassel // Abb. 13: Ansichtskarte. The Trustees of the British Museum 1986 // Abb. 16: Ansichtskarte. Ediz. Vincenzo Carcavallo, Neapel. Vera Fotografia // Abb. 18: Ansichtskarte. Kapitolinisches Museum, Rom • Plurigraf // Abb. 19: München, Bayrische Staatsbibliothek • Gero von Wilpert, Deutsche Literatur in Bildern. Stuttgart: Alfred Kröner 1965, Abb. 94 u. 96 // Abb. 20, 22: Verlagsarchiv // Abb. 23: Ansichtskarte. Ediz. Giusti di S. Becocci, Florenz // Abb. 24: W. v. Seidlitz, Allgemeines historisches Porträtwerk. München: F. Bruckmann 1884–1890 // Abb. 25: Universitätsbibliothek Tübingen • Paul Gerhard Schmidt, Humanisten. Biographische Profile. Stuttgart: Jan Thorbecke 2000, S. 182 // Abb. 26: Katalog zur Ausstellung zum 450. Todestag von Erasmus von Rotterdam. Historisches Museum Basel 1986, S. 23 // Abb. 27: G. Hafner, Prominente der Antike. Wien, Düsseldorf: Econ 1981, S. 123 // Abb. 28: Ansichtskarte. Interdipress, Neapel • Plurigraf

Zeichnungen: Matthias Grieder (S. 33, 34, 35, 36, 40)

Umschlag und Innengestaltung: Grieder Graphik, A 2083 Pleissing
Coverbild: Dioskurides von Samos: fahrende Schauspieler und Musikanten. Pompeji, Museo Nazionale
Druck: Ferdinand Berger & Söhne Ges.m.b.H., A 3580 Horn
ISBN 978-3-7003-1682-4

Vorwort

Der vorliegende Textband ist nach den Vorgaben des neuen Oberstufen-Lehrplans 2004 konzipiert, der anstelle der bisherigen Autorenlektüre die Lektüre nach „thematisch orientierten Modulen" vorsieht. Mit der Text-Auswahl kann sowohl das Modul **„Witz, Spott, Ironie"** der 7. und 8. Klasse des sechsjährigen als auch das Modul **„Heiteres und Hintergründiges"** der 7. und 8. Klasse des vierjährigen Latein behandelt werden. Alle im Lehrplan genannten Gattungen sind berücksichtigt: „Komödie, Epigramm, Satire und Anekdote" bzw. „Epigramm, Anekdote und Fabel". Besonders reichlich ist die Auswahl aus Martial (73 Epigramme) – aus mehreren Gründen: Martial wurde schon zur Zeit der Autorenlektüre immer wieder in den Lehrplan reklamiert und etliche Kolleginnen und Kollegen haben in Versuchen die besten Erfahrungen mit ihm gemacht; viele Epigramme sind relativ einfach und auch für das vierjährige Latein geeignet; sie sind sprachlich vollendete Kleinkunstwerke; viele geben einen guten Einblick in das römische Alltagsleben.

Die Texte bieten die vom Lehrplan empfohlene „breite Streuung von der Antike bis in die Neuzeit" – der Bogen spannt sich über etwa 2200 Jahre von Plautus bis zu Autoren unserer Tage – und sind chronologisch nach Autoren angeordnet. Das stellt sicher, dass auch innerhalb der thematischen Lektüre zumindest einige Autoren (Catull, Phaedrus, Martial) Profil gewinnen und die Schülerinnen und Schüler sich einlesen können.

Die Einleitung, Auswahl, Kommentierung und Vertiefungsfragen der Plautus-Texte besorgte OStR. Univ.-Doz. Dr. Walter Stockert (Wien).

Für sorgfältige Durchsicht des Manuskriptes und wertvolle Hinweise danke ich Dr. Walter Stockert, Dr. Wolfgang J. Pietsch (Graz) und der Lektorin Dr. Elisabeth Reisenhofer.

Der Autor

Hinweise zur Verwendung des Buches

Neben den Texten (in Einzelfällen aus technischen Gründen auch darunter) befinden sich **sprachliche Erklärungen**: **Vokabelangaben** und **grammatikalische Hinweise** für die Sinnerfassung und Übersetzung. Deklination und Geschlecht der Substantiva sind, der Kürze und Übersichtlichkeit zuliebe, nur dort angegeben, wo sich diese nicht aus der Text- und/oder der angegebenen Grundform eindeutig ergeben und für die Übersetzung von Belang sind. (Grammatik um ihrer selbst willen soll vermieden werden.) Die Abkürzungen sind die allgemein üblichen, „h." steht bei Vokabeln, die als bekannt vorausgesetzt werden, und bedeutet „hier", d. h. die seltene oder spezielle Bedeutung an der jeweiligen Stelle; sc. = scilicet = scire licet (wörtlich „man kann es wissen" = natürlich, selbstverständlich): denke dir dazu, ergänze.

Im Anschluss an den Text folgt ein **Kommentar** mit literaturkundlichen, historischen, kulturhistorischen und sachlichen Zusatz-Informationen. Für die vollständige Sinnerfassung braucht dieser Kommentar zunächst nur dann eingesehen zu werden, wenn dies bei den sprachlichen Erklärungen ausdrücklich mit ➤ K gefordert wird. Zahlen im Kommentar beziehen sich nicht auf die Hochzahlen im Text, sondern auf die Textzeilen bzw. (bei Dichtern) auf die Verse.

Unter **Vertiefung** stehen Interpretationsfragen, Arbeitsaufgaben, Fragen mit Gegenwartsbezug und Aufforderungen zu persönlicher Stellungnahme. Für die Beantwortung dieser Fragen ist oft die Lektüre des Kommentars vorausgesetzt, für Fragen über Stilfiguren die des Anhangs 2: „Tropen und Figuren". Gelegentlich folgen auf die Interpretationsfragen Vergleichs- oder Rezeptionstexte, oft mit einer anschließenden Aufgabe.

Zeichenerklärung:

➤ Querverweis

Inhalt

Teil I

RÖMISCHE KOMÖDIE

Einleitung

Die römische Komödie (wegen der Schauspielertracht als *fabula palliata*, Komödie im griechischen Gewand, bezeichnet) steht in der Tradition der sog. „Neuen Komödie“ des griechischen Hellenismus, insbesondere des Athener Dichters **Menander** (etwa von 340–290 v. Chr.). Im Gegensatz zu der sog. „Alten Komödie“ des Aristophanes, die ganz ins Leben und in die Politik Athens integriert war (Aufführungszeit: 427 bis etwa 385; erhalten sind 11 Komödien), und die sich durch phantastische Ideen und überschäumende Komik (auch der Sprache) auszeichnete, zieht sich die „Neue“ („Nea“) in den privaten Bereich zurück (Athen hatte ja auch seine führende politische Rolle längst eingebüßt). Sie legt Wert auf eine kunstvoll komponierte Handlung (darin in der Tradition des großen Tragikers Euripides) und ganz besonders auf die Gestaltung der Figuren, die im Zeichen einer Humanisierung die Grenze vom Typischen hin zum Individuellen überwinden. In der Spätantike gingen die Werke Menanders verloren und wurden erst im 20. Jh. durch Funde im Wüstensand Ägyptens wieder entdeckt (z. B. der „Dyskolos“, der „Schwierige“, gefunden 1958).

T. Maccius Plautus

(etwa 250 bis 184 v. Chr.) stammt aus Sarsina (Umbrien), genoss offensichtlich trotz seines niedrigen Standes (die *tria nomina* muten wie Scherznamen an: „Titus Tölpel Plattfuß“) eine gewisse Bildung. Die Tradition des römischen Bühnenspiels war damals noch jung (zuerst hat ein Livius Andronicus 240 v. Chr. Dramen aufgeführt; unmittelbarer Vorgänger des Plautus war Cn. Naevius, ein römischer Bürger). Plautus selbst ist der älteste römische Autor, dessen Werke erhalten sind (20 Komödien sind überliefert). Er steht einerseits in der Tradition der griechischen „Nea“ (z. B. Menanders), andererseits in der der lateinischen Stegreifbühne. Durch die Einführung von Gesangspartien *(„Cantica“)* mit einer bunten Verstechnik, durch das konsequente Abzielen auf Augenblickseffekte (z. B. Witze aller Art) kommt es zu einer deutlichen „Verfremdung“ der Technik der Neuen Komödie. Seine Sprache ist in vielen Details altertümlich und spiegelt den Standard der Zeit um das Ende des Zweiten Punischen Krieges (201 v. Chr.) wider.

Den griechischen Vorbildern näher steht P. Terentius Afer (etwa 195 – 160 v. Chr.), der fast durchwegs Komödien Menanders bearbeitet. Die Struktur der Komödien wird zwar auch bei ihm deutlich modifiziert, doch trachtet Terenz, den „Geist“ der Vorbilder zu erhalten.

Metrik: Grundvers ist der jambische Senar (Sechsheber; ➤ Phaedrus, S. 31), dazu tritt der trochäische Septenar (Siebenheber), der sich aus italischen Vorbildern entwickelt hat.

Er besteht aus 8 trochäischen Versfüßen (–́ ∪), der letzte um eine Silbe verkürzt („Katalexe“):
–́ ∪ –́ ∪ –́ ∪ –́ ∪ || –́ ∪ –́ ∪ –́ ∪ –́ ∧)

Die Längen können durch 2 Kürzen ersetzt werden; an die Stelle der Kürzen können fast immer Längen, aber auch Doppelkürzen treten. Der Halbvers ist in der Regel durch einen Worteinschnitt („Diärese“) markiert.

1 text

Plautus,
Amphitruo 423 ff.

Versmaß: trochäischer Septenar

Kampf um die persönliche Identität

Der „*Amphitruo*“ nimmt als mythologische Komödie eine Sonderstellung ein; er ist aber auch durch seine besonders zahlreichen Rezeptionen (die im Gegensatz zu denen der übrigen plautinischen Komödien stehen) von besonderem Interesse (von Giraudoux gibt es ein Drama „Amphitryon 38“ aus dem Jahr 1929; doch dürfte die Zahl 50 inzwischen überschritten sein). Hier besucht Jupiter in der Gestalt des thebanischen Feldherrn Amphitruo dessen Gattin Alcumena (griech. Alkmene) und zeugt in der sog. „langen Nacht“ den Hercules (in der Komödie folgen die Nacht der Zeugung und der Tag der Geburt unmittelbar aufeinander). Bei der Heimkehr des Feldherrn kommt es natürlich zu argen Verwirrungen. Obendrein spielt hier der Gott Merkur das Double des Sklaven Sosia, der infolgedessen gleich zu Beginn des Dramas in eine hoffnungslose Situation gerät: Merkur soll den Sklaven daran hindern, der Herrin Alcumena die Botschaft vom Sieg seines Herrn Amphitruo zu überbringen, weil Jupiter noch bei der Geliebten weilt.

Nachdem Merkur dem Sklaven Sosia mit Prügeln klar gemacht hat, dass er nicht Sosia sein kann, überzeugt er ihn auch durch sein unglaubliches Wissen um Details der Ereignisse in jener Schlacht ...

SOS.[1] Árguméntis vícit, áliud nómen quaérundúm est mihí.
Néscio, únde haec[2] híc spectávit[3]. Iám ego hunc décipiám probé[4].
Nám quod égomet[5] sólus féci, néc quisquam álius ádfuít,
ín tabérnaclo[6], íd quidem hódie númquam póterit díceré.
Sí[7] tu Sósiá es, legiónes cúm pugnábant máxumé,
quíd in tabérnacló fecísti? Víctus súm, si díxerís.
MER. Cádus[8] erát vini, índe implévi hírneam[9]. SOS. Íngressúst[10] viám.
MER. Éam ego, ut[11] mátre fúerat nátum, víni | éduxí[12] merí.
SOS. Fáctum est íllud, út ego illíc vini hírneam ébiberím merí.
Míra súnt,[13] nisi látuit íntus íllic in íllac[14] hírneá.
MER. Quíd nunc? víncon[15] árguméntis, té non ésse Sósiám?
SOS. Tú negás med[16] ésse? MER. Quíd ego ní[17] negém, qui egomét siém[18]?
SOS. Pér Iovém iuró med ésse néque me fálsum díceré.
MER. Át ego pér Mercúrium iúro, tíbi Iovém non crédere.
Nam íniuráto[19] scío plus crédet míhi quam iúrató tibí.
SOS. Quís ego súm saltém, si nón sum Sósiá? te intérrogó.
MER. Úbi ego Sósiá nolim ésse, tu ésto[20] sáne Sósiá.
Núnc quando égo sum, vápulábis[21], ni hínc abís, ignóbilís[22].
SOS. Cérte edepól[23], quom[24] illúm contémplo[25] et fórmam cógnoscó meám,
quém ad modum égo sum (saépe in speculum inspéxi), nímis similést[26] meí;
ítidem habét petasum[27] ác vestítum: tám consímilest átque[28] egó;
súra[29], pés, statúra, tónsus[30], óculi, násum vél labrá[31],
málae[32], méntum[33], bárba, róllus[34]: tótus. Quíd verbís opúst[35]?
Sí tergúm cicátricósum[36], níhil hoc[37] símilist[38] símiliús.
Séd quom cógito, équidem cérto idém sum, quí sempér fuí.
Nóvi erúm[39], novi aédis nóstras; sáne sápio[40] et séntió.
Nón ego ílli obtémperó, quod lóquitur. púltabó forís[41].
MER. Quó agis[42] té? SOS. Domúm. MER. Quadrígas[43] sí nunc ínscendás Iovís

átque hinc fúgias, íta vix póteris éffugere ínfortúniúm[44].
SOS. Nónne eraé meae núntiáre, quód erus méus iussít, licét?
MER. Túae si quíd vis núntiáre[45]: hanc nóstram adíre nón sinám.
Nám si me ínritássis[46], hódie lúmbifrágium[47] aúferés.
SOS. Ábeo pótius. Di ímmortáles, óbsecró vostrám fidém.
Úbi ego périi? Ubi ímmutátus[48] sum? Úbi ego fórmam pérdidí?
Nam híc quidem ómnem imáginém meam, quae ántehac[49] fúerat, póssidét.
Vívo[50] fít, quod númquam quísquam mórtuó faciét mihí.
Íbo ad pórtum atque haéc, utí[51] sunt fácta, eró dicám meó;
nísi etiam ís quoque me ígnorabit: quód[52] ille fáxit[53] Iúppitér,
út ego | hódie ráso cápite cálvus[54] cápiam pílleúm[55].

1 **1** Sosia zu sich (a parte) **2 haec**: „diese Ereignisse“ ➤ K **3** indir. Frage mit Indikativ **4 probe**: ordentlich **5 egomet**: verstärktes ego **6 tabernac(u)lum**: Zelt 5 **7** Sosia laut (zu Merkur) **8 cadus**: (großer) Krug **9 hirnea**: Trinkgefäß **10 ingressust** = ingressus est („er ist auf dem richtigen Weg“) **11** „wie er von der Mutter kam“ (d. i. der Weinrebe) **12** „ich trank daraus (eam) den lautren Wein“ 10 **13 mira sunt** = mirum est **14 illac** = illa **15 = vinco-ne** **16 med** = me **17 quid … ni**: wie denn nicht? **18 siem** (Optativ) = sim 15 **19 (in)iuratus**: ohne Eid / vereidigt **20 esto**: du sollst sein **21 vapulo** 1: Schläge bekommen **22 ignobilis**, e: ohne Namen **23 edepol**: beim Pollux **24 quom** = cum **25 contemplo(r)** 1: betrachten 20 **26 similest** = similis est (+ gen.) **27 petasus**: Reisehut **28 atque**: statt quam **29 sura**: Wade **30 tonsus**, -us m.: Frisur **31 labrum**: Lippe **32 mala**: Backe **33 mentum**: Kinn **34 collus**: (= collum) Hals **35 opust** = opus est (+ abl.) **36 cicatricosus** 3: voll Narben **37 hoc**: abl. comp. **38** = simili (zu hoc) est 25 **39 erus**: Herr **40 sapio** 3M: bei Verstand sein **41 foris pultare**: anklopfen **42 quo agis te?** „Wohin des Wegs?“ **43 quadrigae**, -arum Viergespann **44 infortunium** Unglück (Hiebe) 30 **45** erg.: dann ist es gut **46 inrito** 1 reizen; inritassis = irrites **47 lumbifragium auferre** einen Leistenbruch erleiden **48 immuto** 1 verändern 35 **49 antehac** = antea **50 vivo** (mihi) zu meinen Lebzeiten **51 uti** = ut **52 quod**: rel. Anschluss **53 faxit** (Optativ) = faciat **54 calvus** 3: kahl **55 pilleus**: Filzkappe ➤ K

***Abb. 1: Rotfiguriger Krater aus Paestum** (4. Jh. v. Chr.) mit Komödienszene, vermutlich Zeus / Jupiter und Hermes / Merkur vor dem Fenster Alkmenes*

1 Kommentar

Plautus,
Amphitruo 423 ff.

1 ff. Merkur hat den Sklaven durch Schläge, aber auch durch sein Wissen über Ereignisse (➤ V. 2 *haec*), die nur Sosia wissen kann, unsicher gemacht und an seiner Identität zweifeln lassen.

10 der Höhepunkt an Absurdität: Der Doppelgänger müsste in der Trinkschale verborgen gewesen sein.

12 f. Es geht natürlich stets darum, wer nun wirklich Sosia ist.

17 Merkur deutet zum ersten Mal an, dass er vielleicht doch nicht der echte Sosia ist.

24 spielt auf Prügel an, deren Spuren Sosia auf dem Rücken trägt
27 Sosia geht auf das Haus zu: Hier liegt eine in den Text integrierte Regiebemerkung vor (antike Manuskripte enthielten kaum derartige Hinweise auf die Bewegungen der Figuren).
30 era = Alcumena
35 f. Die *imagines* (Ahnenmasken) der patrizischen Beamten wurden im Atrium aufgestellt (natürlich gab es von einem Sklaven keine solche).
38 f. Der Sklave träumt von der Freiheit (Symbol ist die Filzkappe).

I Vertiefung

1. Worin besteht das Problem des Merkur, worin das des Sosia; worin liegt der Witz der Stelle?
2. Worin besteht der besondere Witz der Verse 14 f.?
3. Sosia „ermannt" sich nochmals (V. 25 f.); welche Stilfiguren unterstreichen seinen Versuch?
4. In den Versen 33 ff. erfolgt die endgültige Resignation; welche Stilmittel kommen hier zur Anwendung?
5. Erkläre in V. 36 das Spiel mit *imago!*
6. Welche Funktion haben die beiden letzten Verse für den Text?
7. Vergleich mit den Rezeptionstexten (➤ ET1, ET2): An welchem Detail zeigt sich, dass Kleist Molière gelesen hat?

E1 text

aus: I. Akt, 2. Szene

Molière, Amphitryon (1668)

SOS. *(für sich)* Was ich alleine tat, was keiner sah / kann niemand wissen, außer er ist wirklich ich.
Mit solchen Fragen muss ich ihn zu überrumpeln suchen, / Das wird ihn wohl verwirren, und er ist geschlagen.
(laut) Als man im Handgemenge war, was tatst du da in unsren Zelten, / Wo du alleine hinliefst, um dich voll zu stopfen?

MER. Mit einem Schinken …

SOS. Also doch!

MER. Ich hatt' ihn aufgespürt, / Und schnitt zwei saft'ge Scheiben ab,
Die schlang ich gierig runter, / Nahm vom Weine mir dazu, den man wohl aufgespart,
An dem die Augen vor dem Gaumen sich ergötzen, / Und trank ein wenig Mut mir an,
Für unsre Leute, die sich schlugen.

SOS. *(zur Seite)* Ja, der Beweis ist ohnegleichen / Zu seinen Gunsten ausgefallen,
Dagegen lässt sich gar nichts sagen, / Als dass er von der Sache weiß.
(laut) Ich kann's nicht leugnen vor solch schlüssigem Beweis, / Dass du Sosias bist, dem stimm ich zu.
So du es aber bist, sag mir, was willst du, dass ich sei; / Denn schließlich muss auch ich ja etwas sein.

MER. Wenn ich nicht mehr Sosias bin, / Sei du es, darin willige ich gerne ein.
Solange ich es bin, ist dir der Tod gewiss, / Fällt dir's noch einmal ein.

SOS. An so viel Wirrnis wird mein Witz zuschanden, / Und die Vernunft stößt am Gesehenen sich.
Doch einmal muss auch das ein Ende finden, / Am kürzesten für mich ist's, rasch hier einzutreten.

MER. Du find'st Gefallen an den Prügeln, Galgenstrick?

SOS. Ach! Was ist das, ihr Götter, weh, er schlägt um eine Note stärker,
Mein Rücken ist für einen Monat krank davon. / Lass ab von diesem Teufelskerl und kehr zurück zum Hafen!

E2 text

aus: I. Akt, 2. Szene

Heinrich von Kleist, Amphitryon (1807)

SOS. *(zu sich)* Wie find' ich aus diesem Labyrinth? / Was ich getan, da ich ganz einsam war,
Was niemand hat gesehn, kann niemand wissen, / Falls er nicht wirklich Ich ist so wie ich.
Gut, diese Frage wird mir Licht verschaffen. / Was gilt's? Dies fängt ihn – nun, wir werden sehn.
Als beide Heer im Handgemenge waren, / Was machtest du, sag an, in den Gezelten,
Wo du gewusst, geschickt dich hinzudrücken?

MER. Von einem Schinken …

SOS. Hat den Kerl der Teufel? –

MER. Den ich im Winkel des Gezeltes fand, / Schnitt ich ein Kernstück mir, ein saftiges,
Und öffnete geschickt ein Flaschenfutter, / Um für die Schlacht, die draußen ward gefochten,
Ein wenig Munterkeit mir zu verschaffen.

SOS. *(für sich)* Nun ist es gut. Nun wär's gleichviel, wenn mich / Die Erde gleich von diesem Platz verschlänge,
Denn aus dem Flaschenfutter trinkt man nicht, / Wenn man, wie ich, zufällig nicht im Sacke
Den Schlüssel, der gepasst, gefunden hätte. / *(Laut)* Ich sehe, alter Freund, nunmehr, dass du
Die ganze Portion Sosias bist, / Die man auf dieser Erde brauchen kann.
Ein Mehreres scheint überflüssig mir. / Fern sei mir, den Zudringlichen zu spielen,
Und gern tret' ich vor dir zurück. Nur habe die / Gefälligkeit für mich und sage mir,
Da Sosias ich nicht bin, wer ich bin. / Denn etwas, gibst du zu, muss ich doch sein.

MER. Wenn ich nicht mehr Sosias werde sein, / Sei du's, es ist mir recht, ich will'ge drein.
Jedoch solang ich's bin, wagst du den Hals, / Wenn dir der unverschämte Einfall kommt.

SOS. Gut, gut. Mir fängt der Kopf zu schwirren an, / Ich sehe jetzt, mein Seel, wie sich's verhält,
Wenn ich's auch gleich noch völlig nicht begreife. / Jedoch – die Sache muss ein Ende nehmen;
Und das Gescheiteste, zum Schluss zu kommen, / Ist, dass ich meiner Wege geh. – Leb wohl! *(geht auf das Haus zu)*

MER. Wie, Galgenstrick! So muss ich alle Knochen / Dir lähmen? *(schlägt ihn)*

SOS. Ihr gerechten Götter! / Wo bleibt mir euer Schutz? Mein Rücken heilt
In Wochen nicht, wenn auch Amphitryon / Den Stock nicht rührt. Wohlan! Ich meide denn
Den Teufelskerl und geh zurück ins Lager.

2 text

Plautus,
Amphitruo 676 ff.

Versmaß: trochäischer Septenar

Das Wiedersehen der Ehegatten

Nachdem Sosia seinem Herrn Amphitruo von seinem Erlebnis erzählt hat (sein Herr hält ihn für verrückt), trifft der Feldherr, begleitet von seinem Sklaven, auf Alcumena, die soeben von Jupiter / Amphitruo verlassen worden ist und sich wundert, dass der Gatte schon wieder zurückkehrt.

AM. Ámphitruo úxorém salútat laétus spératám suám,
quam[1] ómniúm Thebís vir únam esse óptimám diiúdicát[2]
quámque adeó[3] civés Thebáni véro rúmiferánt[4] probám[5].
Váluistín usque? Éxspectátun[6] ádvenio? SOS. Haúd vidí magís[7].
AM. Ét quom[8] grávidam[9] et quóm te púlchre plénam aspício, gaúdeó.
AL. Óbsecro écastór[10], quid tú me déridículi grátiá[11]
síc salútas átque appéllas, quási dudúm[12] non víderís
quásique núnc primúm recípias té domum húc ex hóstibús?
AM. Ímmo equidém te nísi nunc hódie núsquam vídi géntiúm[13].
AL. Cúr negás? AM. Quia véra dídici dícere. AL. Haúd aequúm[14] facít,
quí, quod dídicit, íd dedíscit. Án períclitáminí[15],
quíd animi hábeam? Séd quid húc vos révortímini[16] tám citó?
Án te auspícium cómmorátum est[17] án tempéstas cóntinét,
quí[18] non ábiisti ád legiónes, íta uti dúdum díxerás?
AM. Dúdum? Quám dudum ístuc[19] fáctum est? AL. Témptas[20]. Íam dudúm, modó[21].
AM. Qui[22] ístuc pótis est[23] fíeri, quaéso, ut dícis: iám dudúm, modó?
AL. Quíd enim cénses? Te út[24] delúdam cóntra[25], lúsorém[26] meúm,
quí nunc prímum te ádvenísse dicas, módo qui hinc ábierís.
AM. Haéc quidém delíraménta[27] lóquitur. SOS. Paúlispér[28] mané,
dum édormíscat[29] únum sómnum. AM. Quaéne[30] vígilans sómniát?
AL. Équidem ecástor vígilo, et vígilans íd, quod fáctum est, fábulór.
Nám dudum ánte lúcem et ístunc[31] ét te vídi. AM. Quo ín locó?
AL Híc in aédibús, ubi tu hábitas. AM. Númquam fáctum est. SOS. Nón tacés?
Quíd, si e pórtu návis húc nos dórmiéntis détulít?
AM. Étiam tú quoque ádsentáris[32] húic[33]? SOS. Quíd vis fíerí?
Nón tu scís: Bacchaé[34] bacchánti[35] sí velis ádvorsáriér[36],
éx insána insániórem fácies, fériet[37] saépiús;
si óbsequáre[38], uná resólves[39] plága[40]. AM. At pól qui[41] cérta rés[42]
hánc est óbiurgáre[43], quaé me | hódie advénientém domúm
nóluerít salútare. SOS. Ínritábis crábronés[44]. AM. Tacé!
Álcuména, unúm rogáre té voló. AL. Quid vís[45], rogá!
AM. Núm tibi aút stultítia accéssit aút superát[46] supérbiá?
AL. Qui ístuc ín mentém[47] est tibi éx me, mí vir, pércontáriér[48]?
AM. Quía salútare ádveniéntem mé solébas ántidhác[49],
áppelláre, itidem út[50] pudícae súos virós quae súnt solént.
AL. Écastór equidém te cérto heri ádveniéntem | ílicó[51]
ét salutavi ét, valuissesne úsque, exquísiví simúl,

mí vir, ét manúm prehéndi et ósculúm tetulí[52] tibí.
SOS. Tún[53] heri húnc salútavísti? AL. Et té quoque étiam, Sósiá.
SOS. Ámphitruó, sperávi ego ístam tíbi paritúram fíliúm.
Vérum nón est púero grávida. AM. quíd igitúr? SOS. Insániá[54].
AL. Équidem sána sum ét deos quaéso, ut sálva páriam fíliúm.
Vérum tú malum mágnum habébis, si híc[55] suum ófficiúm facít,
ób istuc ómen ...

1 **1** = quam unam optimam omnium esse d. **2 diiudico** 1: beurteilen **3 adeo**: bleibt unübersetzt **4 rumifero** 1: verbreiten **5** sc. esse **6 exspectatun** = exspectatus-ne **7 haud vidi magis**: „wirklich nicht“ 5 **8 quom** = cum **9 gravida**: schwanger **10 ecastor**: beim Kastor **11 deridiculi gratia**: zum Spott **12 dudum**: vorhin **13 nusquam gentium**: nirgends auf der Welt 10 **14 aequum facere**: richtig handeln **15 periclitor** 1: h. auf die Probe stellen **16 revortor** = revertor **17 commoror** 1: aufhalten **18 qui**: konsek. Rel.-Satz (+ ind.) 15 **19 istuc** = istud **20 tempto** 1 sc. me **21 modo** (adv.): soeben **22 qui**: wie (modaler Abl.) **23 potis est** = potest **24 ut** (final): damit ich **25 contra deludere**: ebenfalls verspotten **26 lusor**, -is: Verspotter **27 deliramenta**, -orum: verrücktes Zeug **28 paulisper**: kurze Zeit 20 **29 edormisco** 3: ausschlafen **30 quae-ne**: sie, die; wo sie doch ... **31 istunc** = istum 25 **32 adsentor** 1: zustimmen **33 huic**: ist 2-silbig zu lesen **34 Baccha**: Bacchantin (Anhängerin des Dionysos / Bacchus) **35 bacchor** 1: rasen **36 advorsarier** = adversari **37 ferio** 4: zuschlagen **38 obsequare** = obsequaris (2. sg.; coni. pot.): nachgeben **39 resolvo** 3: h. beruhigen **40 plaga**: Schlag **41 at ... qui**: freilich **42 certa res**: ich bin entschlossen **43 obiurgo** 1: tadeln 30 **44 crabrones**: Hornissen **45** Ind. im indir. Fragesatz **46 supero** 1: h. überhandnehmen **47 in mentem est**: es kommt in den Sinn **48 percontarier** = percontari: fragen **49 antidhac** = antea 35 **50** = ut (illae,) quae pudicae sunt, suos viros (appellare) solent **51 ilico** (adv.): sofort **52 osculum ferre**: einen Kuss geben **53 tun** = tune 40 **54** sc. gravida est **55 hic** = Amphitruo

2 Kommentar

Plautus,
Amphitruo 676 ff.

1 Man muss bedenken, dass Jupiter / Amphitruo soeben erst gegangen ist und Amphitruo selbst längere Zeit im Felde war. Auf dem dadurch (für Alcumena) entstehenden Kontrast beruht vieles von der Komik dieser Szene.

13 f. Die Truppen des Amphitruo liegen im Hafen, der hier nicht zu nahe bei Theben vorzustellen ist.

19 ff. Der Sklave spielt die Rolle des komischen Spaßmachers in dieser an sich eher ernsten Szene.

23 f. Sosia hat schon etwas Ähnliches erlebt und bringt, davon ausgehend, seinen dummen Scherz an.

26 f. Die Römer hatten in den ersten Jahren des 2. Jh. v. Chr. Probleme mit den Bacchus-Kulten; es gibt ein (im Kunsthistorischen Museum aufbewahrtes) *Senatus Consultum de Bacchanalibus* aus dem Jahre 186 (Verbot der bacchantischen Versammlungen).

40 f. Die scherzhafte Erklärung des Sosia bedeutet natürlich ein schlechtes Omen für Alcumenas Kind und müsste an sich streng bestraft werden.

2 Vertiefung

1 Erkläre nochmals die Situation: Von welchen (verschiedenen) Voraussetzungen gehen die Eheleute aus? Wo wird die spezielle Situation besonders pointiert ausgedrückt (Wortwiederholung!)?

2 Alcumena ist die typische altrömische Matrone; worin besteht gemäß unserem Text die Tugend einer Frau? Was sind ihre Aufgaben? Versuche aufgrund dieser einen Szene eine Charakteristik Alcumenas!

3 Charakterisiere die Rolle des Sosia! (Was fällt auf, wenn man sein Erlebnis in der ersten Szene berücksichtigt?)

4 V. 18: Finde die besten Übersetzungen für die zwei konjunktivischen Relativsätze!

5 *vigilantem somniare* ist ein Kernmotiv des *„Amphitruo"*; könnte man dieses auch auf die erste Szene anwenden?

6 Vergleich mit dem Ergänzungstext ➤ ET 3.

7 Referat: Überblick über die Rezeptionen des *„Amphitruo"* (Quelle: E. Frenzel, Stoffe der Weltliteratur, Stuttgart, Kröner, [10]2005).

E3 text

aus: II. Akt, 2. Szene

Heinrich von Kleist, Amphitryon

ALK. *(tritt opfernd zu Amphitryon und Sosias hinzu)* O Gott! Amphitryon!

AM. Der Himmel gebe, / Dass meine Gattin nicht vor mir erschrickt!
Nicht fürcht ich, dass nach dieser flücht'gen Trennung / Alkmene minder zärtlich mich empfängt,
Als ihr Amphitryon zurückekehrt.

ALK. So früh zurück …?

AM. Was! Dieser Ausruf, / Fürwahr, scheint ein zweideutig Zeichen mir,
Ob auch die Götter jenen Wunsch erhört. / Dies: „Schon so früh zurück!" ist der Empfang,
Beim Himmel, nein! der heißen Liebe nicht. / Der Krieg zu lange schon von hier entfernt;
Zu spät, war meine Rechnung, kehrt ich wieder. / Doch du belehrst mich, dass ich mich geirrt,
Und mit Befremden nehm ich wahr, dass ich, / Ein Überläst'ger, aus den Wolken falle.

ALK. Ich weiß nicht …

AM. Nein, Alkmene, / Verzeih. Mit diesen Worten hast du Wasser
Zu meiner Liebe Flammen hingetragen. Du hast, seit ich dir fern, die Sonnenuhr
Nicht eines flücht'gen Blicks gewürdigt. Hier ward kein Flügelschlag der Zeit vernommen,
Und unter rauschenden Vergnügen sind / In diesem Schloss fünf angezählte Monden
Wie so viel Augenblicke hingeflohn.

ALK. Ich habe Müh, mein teurer Freund, zu fassen, / Worauf du diesen Vorwurf gründen magst.
Beklagst du über meine Kälte dich, / So siehst du mich verlegen, wie ich dich
Befried'gen soll. Ich denke, gestern, als / Du um die Abenddämmrung mir erschienst,
Trug ich die Schuld, an welche du mich mahnst, / Aus meinem warmen Busen reichlich ab.
Kannst du noch mehr dir wünschen, mehr begehren, / So muss ich meine Dürftigkeit gestehn
Ich gab dir wirklich alles, was ich hatte.

AM. Wie?

ALK. Und du fragst noch! Flog ich gestern nicht, / Als du mich heimlich auf den Nacken küsstest
(Ich spann, ins Zimmer warst du eingeschlichen) / Wie aus der Welt entrückt, dir an die Brust?
Kann man sich inn'ger des Geliebten freun?

AM. Was sagst du mir?

ALK. Was das für Fragen sind! / Du selber warst unmäß'ger Freude voll,

Dich so geliebt zu sehn; und als ich lachte, / Inzwischen mir die Träne floss, schwurst du
Mit seltsam schauerlichem Schwur mir zu, / Dass nie die Here so von Jupiter beglückt.

AM. Ihr ew'gen Götter!

ALK. Drauf als der Tag erglühte, / Hielt länger dich kein Flehn bei mir zurück.
Auch nicht die Sonne wolltest du erwarten. / Du gehst, ich werfe mich auf's Lager nieder,
Heiß ist der Morgen, schlummern kann ich nicht, / Ich bin bewegt, den Göttern will ich opfern,
Und auf des Hauses Vorplatz treff ich – dich! / Ich denke, Auskunft, traun, bist du mir schuldig,
Wenn deine Wiederkehr mich überrascht, / Bestürzt auch, wenn du willst; nicht aber ist
Ein Grund hier, mich zu schelten, mir zu zürnen.

AM. Hat mich etwa ein Traum bei dir verkündet, / Alkmene? Hast du mich vielleicht im Schlaf
Empfangen, dass du wähnst, du habest mir / Die Forderung der Liebe schon entrichtet?

ALK. Hat dir ein böser Traum das Gedächtnis / Geraubt, Amphitryon? Hat dir vielleicht
Ein Gott den heitren Sinn verwirrt, dass du / Die keusche Liebe deiner Gattin höhnend
Von allem Sittlichen entkleiden willst?

AM. Was? Mir wagst du zu sagen, dass ich gestern / Hier um die Dämmrung eingeschlichen bin?
Dass ich dir scherzend auf den Nacken – Teufel!

ALK. Was? Mir wagst du zu leugnen, dass du gestern / Hier um die Dämmrung eingeschlichen bist?
Dass du dir jede Freiheit hast erlaubt, / Die dem Gemahl mag zustehn über mich?

AM. Du scherzest. Lass zum Ernst uns wiederkehren, / Denn nicht an seinem Platz ist dieser Scherz.

ALK. Du scherzest. Lass zum Ernst uns wiederkehren, / Denn roh ist und empfindlich dieser Scherz.

AM. Ich hätte jede Freiheit mir erlaubt, / Die dem Gemahl mag zustehn über dich? War's nicht so?

ALK. Geh, Unedelmütiger!

AM. O Himmel! Welch ein Schlag trifft mich! Sosias! Mein Freund!

SOS. Die braucht fünf Grane Nieswurz; / In ihrem Oberstübchen ist's nicht richtig.

3 text

Plautus,
Aulularia 1 ff.

Versmaß: jambischer Senar

Prolog des Lar familiaris

Antike Komödien beginnen in der Regel mit einer Vorrede, die von einer Figur der Handlung oder (falls „höheres Wissen" vonnöten ist) durch eine Gottheit an die Zuseher gerichtet wird. Es werden die Voraussetzungen dargelegt, in der Regel wird ein knapper Ausblick auf die Handlung selbst gegeben und – wenn zweckmäßig – ein glückliches Ende angekündigt. So ist es bei Menander, soweit wir dessen Komödien kennen, und teilweise bei Plautus, während Terenz diese „Theaterzettelprologe" gestrichen und in das Stück selbst integriert hat.

Ne quís mirétur, quí sim, paúcis[1] éloquár.
Ego Lár sum fámiliáris éx hac fámiliá,
unde éxeúntem me áspexístis. Hánc domúm
iam múltos ánnos ést, cum[2] póssideo ét coló[3]
patrí[4] | avóque iam huíus, quí nunc híc habét[5].

1 **1 paucis** sc. verbis **2 multos annos est, cum possideo**: ich besitze schon viele Jahre
3 colo 3: schützen

5 **4 patri**: für den Vater **5 habet** = habitat

Sed mí[6] avus huíus óbsecráns concrédidít[7]
thesaúrum[8] | aúri clám[9] omnis; ín medió focó
defódit[10] vénerans[11] mé, ut id sérvarém sibí.
Is quóniam[12] móritur – íta avido[13] íngenió fuít –,
numquam índicáre id fílió voluít suó
inopémque optávit pótius éum relínqueré,
quam[14] eúm thesaúrum cómmonstráret fílió.
Agrí relíquit éi nón magnúm modúm[15],
quo cúm labóre mágno et mísere víverét.
Ubi is óbiit mórtem, quí mihi id aúrum crédidít,
coepi óbserváre, ecquí[16] maiórem fíliús
mihi honórem habéret, quam eíus hábuissét patér.
Atque ílle véro mínus minúsque impéndió[17]
curáre[18] mínusque me ímpertíre[19] honóribús.
Item á me contra fáctum est, nám item obiít diém[20].
Is ex se húnc relíquit, qui híc nunc hábitat, fílium
paritér morátum[21], ut páter avúsque huiús fuít.
Huic fília úna est. Éa mihí cottídié
aut túre aut víno aut áliqui[22] sémper súpplicát[23],
dat míhi corónas. Eíus honóris grátiá[24]
fecí, thesaúrum ut híc reperíret Eúcliό,
quo[25] illám facílius núptum[26], sí vellét, darét.
Nam eám compréssit[27] dé summo ádulescéns locó;
is scít adoléscens, quaé sit, quám compréssərít,
illa íllum néscit néque compréssam[28] autém patér[29].
Eam[30] ego hódie fáciam, ut híc senéx de próximó[31]
sibi uxórem póscat. Íd ea fáciam grátiá[32],
quo[33] ille éam facílius dúcat, quí compresserát.
Et híc, qui póscet éam sibi úxorém, senéx,
is ádulescéntis íllius ést avúnculús,
qui illám stuprávit[34] nóctu, Céreris vígiliís[35].
Sed híc senéx iam clámat íntus, út solét[36].
Anúm[37] forás[38] extrúdit[39], né sit cónsciá.
Credo, aúrum inspícere vúlt, ne[40] súbreptúm siét[41].

6 mi = mihi **7 concredo** 3: anvertrauen **8 thesaurus**: Schatz ➤ K **9 clam omnis**: geheim vor allen **10 defodio** 3M: vergraben **11 veneror, ut**: ich bitte flehentlich, dass **12 quoniam** (temp.): als **13 avidus** 3: geizig

14 quam = quam ut **15 agri ... modus**: ein Stück Ackerland

16 ecqui = numqui: ob vielleicht **17 minus impendio**: mit weniger Aufwand **18 curare**: hist. Inf. **19 honoribus impertire**: Ehren erweisen

20 diem obire: sterben **21 pariter moratus**: mit gleichem Charakter **22 aliqui** = aliqua re **23 supplico** 1 (+ abl.): opfern

24 eius honoris gratia: ihr zuliebe **25 quo**: damit **26 nuptum** (Supinum) **dare**: verheiraten **27 comprimo** 3: vergewaltigen

28 sc. eam esse **29** sc. scit! **30** = faciam, ut eam senex poscat **31 de proximo**: von nebenan **32 ea gratia**: deshalb **33 quo**: damit

34 stupro 1: vergewaltigen **35 Cereris vigiliae**: Nachtfest der Ceres **36** ➤ K **37 anus**, -i: die Alte **38 foras** (adv.): hinaus **39 extrudo** 3: hinauswerfen **40 ne**: (aus Angst,) dass **41** = subreptum sit (**subripio** 3M: stehlen, rauben)

Plautus, Aulularia 1 ff.

3 Kommentar

Der Prologgott, hier der Hausgott der Hauptfigur, des alten Euclio, gibt eine Art „Theaterzettelprolog" mit den wichtigsten Voraussetzungen des Dramas: die Ursachen für den Charakter des alten Euclio zum einen und das Schicksal seiner Tochter zum anderen. Die beiden Handlungsstränge (Euclio-Handlung; Liebeshandlung) werden angeschnitten. Die Zuseher werden direkt angesprochen (V. 3 *aspexistis*).

7 Der **thesaurus** ist eine *aula* (ein Topf) mit Gold, daher Aulularia, „Topfkomödie".

20 item obiit diem: Gemeint ist, dass er starb, ohne den Schatz zu finden.

23 ff. Die Tochter durchbricht die Abfolge der „Geizhälse" (zumindest bei Plautus – nicht unbedingt in seinem griechischen Vorbild, das wahrscheinlich von Menander stammte – ist Euclio als Geiziger charakterisiert).

31 ff. Der Onkel des jungen Lyconides wird um die Hand des Mädchens anhalten; dadurch soll der Junge aus der Reserve gelockt werden: denn dieser soll ja das Mädchen bekommen. Auf der Bühne sind zwei Häuser, das Haus Euclios und das des reichen Nachbarn, zu sehen; dazwischen hat man sich ein Heiligtum der Fides vorzustellen.

37 ff. Auftrittsankündigung für die erste Szene: Euclio wirft seine alte Dienerin *(anus)* aus dem Haus, um – wie mehrmals täglich – sein Gold zu inspizieren.

3 Vertiefung

1 Gib eine Gliederung des Prologs und charakterisiere die einzelnen Teile!

2 Charakterisiere das Verhalten des Hausgottes gegenüber seinen Schützlingen!

3 Wie wird die Charakterisierung der drei Generationen von Geizigen im Einzelnen durchgeführt?

4 Wie werden die beiden Handlungsstränge (Euclio und der Goldtopf; Heiratsprojekt) sprachlich verbunden?

5 V. 28 ff.: Wie ist es um das „Wissen" der einzelnen Figuren bestellt?

4 text

Plautus,
Aulularia 713 ff.

Die Verzweiflungsarie des Bestohlenen

Euclio ist im Großteil des Dramas damit beschäftigt, seinen Schatz zu behüten; er verdächtigt alle, ihn um dieses Gold bringen zu wollen, so auch seinen reichen Nachbarn Megadorus, als dieser um die Hand seiner Tochter anhält (vgl. den Prolog). Anlässlich dieser projektierten Hochzeit kommen Köche ins Haus, die natürlich als besonders verdächtig angesehen und entsprechend verprügelt werden. Euclio schafft folglich seinen Schatz aus dem Haus, wird aber beim Verstecken des Goldes im Heiligtum nebenan vom Sklaven des jungen Lyconides belauscht und bei einem zweiten Versteck – diesmal außerhalb des Bühnenraumes – endgültig bestohlen. Die Arie des Euclio (in rasend schnellen Anapästen, ∪∪–́∪∪–́) ist ein Glanzstück der plautinischen Bühnenkunst und Figurendarstellung und wurde von Molière imitiert (➤ ET 4, S. 12 f.).

Perii, ínterii, óccidi, quó currám, quo nón currám? Tene téne! Quem? Quís?
Nescío, nil[1] vídeo, caécus eo átque equidém, quo eam aút ubi sim aút qui sím,
nequeó[2] cum animó certum[3] ínvestígare[4]. Óbsecro[5] vós[6] ego, mi aúxilió,
oro óbtestór[7], sitís et hominém demónstretís, quis[8] eam ábstulerít!
Quid aís tu? Tíbi credére certúm est[9]; nam essé bonum ex vúltu cógnoscó.
Quid est? Quíd ridétis? Nóvi omnés, scio fúres ésse hic cómplurés,
qui véstitu ét creta[10] óccultánt sese átque sedént quasi[11] sínt frugí[12].
Hem[13], némo habet horum? Occídistí[14]. Dic ígitur: Quís habet? Néscis?
Heu mé miserúm! Miseré perií.

1 **1 nil** = nihil **2 nequeo**: ich kann nicht **3 certum** (präd.): statt certe **4 investigo** 1: aufspüren **5** = obsecro vos, (ut) auxilio mihi ... sitis **6 vos** ➤ K **7** Die beiden Verba **oro, obtestor** sind eingeschoben. **8 quis**: abh. Frage statt Rel.-Satz ➤ K **5** **9 certum est**: ich bin entschlossen **10 vestitus et creta**: feines (mit creta Cimolia behandeltes) Gewand ➤ K **11 quasi**: als ob **12 frugi** (indecl.): trefflich, brav **13 hem**: hm; ach **14 occidisti** sc. me

Male pérditus, péssime ornátus[15] eó:
Tantum gemiti[16] ét mali maéstitiaéqu(e)
hic díes mi obtúlit, famem et paúperiém.
Perdítissimus[17] égo sum omníum in terrá.
Nam quíd mi opust[18] víta, tántum aurí
perdídi, quod cóncustódiví
sedúlo[19]. Egomét me défraudáv(i)[20]
animúmque meúm geniúm[21]que meúm.
Nunc éo[22] | alií laetíficantúr[23]
meo málo[24] et damnó. Pati néqueo.

10 **15 ornatus** 3: hergerichtet **16 gemiti**: alter Gen. (statt gemitus, -us) **17 perditissimus** 3: der zerstörteste **18 opust** = opus est (+ abl.) es ist nötig

15 **19 sedulo** (adv.): eifrig **20 defraudo** 1: betrügen **21 genius meus**: h. mein Wesen **22 eo**: daran **23 laetificor** 1: sich freuen **24 meo malo**: zu meinem Unglück

4 Kommentar

Plautus,
Aulularia, 713 ff.

1 Euclio ist völlig konfus, wie man u. a. an den einander widersprechenden Fragen erkennen kann.
3–8 Anrede an das Publikum *(vos);* die direkte Anrede eines „braven Zusehers" (V. 5) führt zu einem Lacherfolg, der neues Gejammer des Alten provoziert. Es kommt zu einer regelrechten Publikumsbeschimpfung, wie sie in der sog. „Neuen Komödie" unmöglich und bei Plautus auch ungewöhnlich ist.
4 Zur Konstruktion: Es liegt, genau genommen, eine Vermischung (Kontamination) von Relativsatz *(hominem, qui abstulit)* und indirektem Fragesatz *(quis abstulerit)* vor.
7 *creta Cimolia*: „Walkererde", diente zur Auffrischung der Farben von Stoffen. Es handelt sich hier allem Anschein nach um einen Angriff auf die vornehmen Bürger Roms, die in den ersten Reihen saßen und wertvolle Gewänder trugen.
9 ff. Nach diesem Misserfolg steigert sich Euclio neuerlich ganz in sein Unglück hinein (auch dies sind sehr rasche Anapäste, die in einer Serie gesungen wurden).

4 Vertiefung

1 Arbeite die zahlreichen Stilfiguren heraus (z. B. Asyndeta; Synonyme; Antithesen; Alliterationen)! (➤ Anhang 2, S. 118 f.)

2 Wodurch wird hier die Theaterillusion durchbrochen?

3 Stelle einen Vergleich mit dem Ergänzungstext, Harpagons Monolog bei Molière, an (➤ ET 4)!

E4 text

aus: IV. Akt, 7. Szene

Molière, L'Avare

Monolog Harpagons nach dem Verlust seiner *marmite.*

Au voleur! au voleur! à l'assassin! au meurtrier! Justice, juste ciel! je suis perdu, je suis assassiné, on m'a coupé la gorge, on m'a dérobé mon argent. Qui peut-ce être? Qu'est-il devenu? Où est-il? Où se cache-t-il? Que ferai-je pour le trouver? Où courir? Où ne pas courir? N'est-il point là? N'est-il point ici? Qui est-ce? Arrête. *(À lui-même, se prenant par le bras).* Rend-moi mon argent, coquin! Ah! C'est moi ...! Mon esprit est troublé, et j'ignore, où je suis, qui je suis, et ce que je fais. Hélas! Mon pauvre argent, mon pauvre argent, mon cher ami! On m'a privé de toi; et, puisque tu m'es enlevé, j'ai perdu mon support, ma consolation, ma joie: tout est fini pour moi, et je n'ai plus que faire au monde. Sans toi, il m'est impossible de vivre. C'en est fait, je n'en puis plus; je me meurs, je suis mort, je suis enterré. N'y a-t-il personne qui veuille me ressusciter, en me rendant mon cher argent, ou en m'apprenant qui l'a pris? Euh? que dites-vous? Ce n'est personne. ...

5 text

Plautus,
Aulularia 727 ff.

Versmaß: trochäischer Septenar

Eine merkwürdige Verwechslung

Der junge Lyconides tritt aus dem Haus, weil er das Gejammer Euclios gehört hat. Sein Sinn ist ganz auf Euclios Tochter konzentriert, während der Alte nur an seinen Goldtopf denkt ...

EUC. Quís homo hic lóquitur? LYC. Égo sum míser. EUC. Immo égo sum et mísere pérditús,
quoí[1] tantá mala maéstitúdoque óbtigít[2]. LYC. Animó bonó es!
EUC. Quó, obsecró, pacto[3] ésse póssum? LYC. Quía istuc[4] fácinus, quód tuúm
sóllicitát[5] animum, íd ego féci et fáteor. EUC. Quíd ego ex te aúdió?
LYC. Íd quod vérum est. EUC. Quíd ego dé te cómmerui[6], ádulescéns, malí[7],
quam ób rem ita fáceres méque meósque pérditum íres[8] líberós?
LYC. Déus impúlsor[9] mí fuit, ís me | ád illam[10] inléxit[11]. EUC. Quó modó?
LYC. Fáteor péccavísse | ét me cúlpam cómmeritúm[12] sció;
íd adeó[13] te orátum[14] advénio, ut ánimo aequo ígnoscás mihí.
EUC. Cúr id aúsu's[15] fácere, ut íd, quod nón tuum ésset, tángerés?
LYC. Quíd vis fíeri? Fáctum est íllud. Fíeri inféctum nón potést.
Déos credó voluísse; nám ni[16] véllent, nón fierét, sció.
EUC. Át ego déos credó voluísse, ut ápud me te ín nervo[17] énicém[18].
LYC. Ne ístuc díxis[19]! EUC. Quíd tibi érgo méam me invíto tactió est[20]?
LYC. Quía viní vitio[21] átque amóris féci. EUC. Homo aúdacíssimé!
Cum ístacín[22] te orátióne huc ád me adíre ausum[23], ímpudéns!
Nám si istúc ius ést, ut[24] tu ístuc éxcusáre póssiés,
lúci cláro déripiámus[25] aúrum[26] mátronís palám[27],
póstid[28], sí prehénsi símus, éxcusémus ébriós[29]
nós fecísse amóris caúsa. Nímis vilést[30] vinum átque amór,
si ébrio átque amánti impúne fácere, quód lubeát[31], licét.
LYC. Quín[32] tibi últro[33] súpplicátum[34] vénio ob stúltitiám meám.

1 **1 quoi** = cui **2 obtingo** 3: zuteil werden **3 quo pacto**: wie? **4 istuc** = istud **5 sollicito** 1: erregen 5 **6 commereo** (-eor) 2: verschulden (sich zuschulden kommen lassen) **7 mali**: gen. part., abh. von **quid** **8 perditum** (Supinum) **ire**: zugrunde richten **9 impulsor**, -oris: Verführer **10 illam**: Lyc. meint das Mädchen, Eucl. versteht aulam **11 inlicio** 3M: verlocken **12** sc. esse ➤ Anm. 6 **13 adeo**: bleibt unübersetzt **14 oratum** (Supinum): um zu bitten 10 **15 ausu's** = ausus es **16 ni** = nisi **17 nervus**: h. Marterholz ➤ K **18 enico** 1: umbringen **19 dixis** = dixeris **20 quid tibi tactio est** + acc.: Was hast du anzurühren? 15 **21 vitio**: durch die Schuld **22 istacin** = ista (abl.) **23 te ... ausum** (esse) AcI des Ausrufs: dass du ... **24 ut**: sodass **25 deripiamus** (coni. hort.): reißen wir herunter **26 aurum**: Goldschmuck **27 palam** (adv.): ganz offen **28 postid** = postea **29 ebrius** 3: betrunken 20 **30 vilest** = vile est („eine billige Ausrede") **31 lubeat** = libeat **32 quin**: (ja) sogar **33 ultro** (adv.): von selbst, freiwillig **34 supplicor** 1: Abbitte leisten (Supinum)

EUC. Nón mi hominés placént, qui, quándo mále fecérunt, púrigánt[35].
Tú illam scíbas nón tuam ésse: Nón attáctam opórtuít[36].
LYC. Érgo quía sum tángere aúsus, haúd causíficor[37], quín eám
égo habeám[38] potíssimúm. EUC. Tun[39] hábeas me ínvitó meám?
LYC. Haúd te invíto póstuló; sed méam esse opórtere árbitrór.
EUC. Nísi refers ... LYC. Quid tíbi ego réferam? EUC ... quód[40] surrúpuistí meúm,
iám quidem hércle te ád praetórem rápiam et tíbi scribám dicám[41].
LYC. Súrripio égo tuum? Únde? Aut quíd id est? EUC. Íta te amábit Iúppitér[42],
út tu néscis. LYC. Nísi quidém tu míhi, quid quaéras, díxerís.
EUC. Aúlam auri, ínquam[43], té repósco, quám tu cónfessú's[44] mihí
te ábstulísse. LYC. Néque edepól ego díxi néque fecí. EUC. Negás?
LYC. Pérnego[45] ímmo. ...

35 purigo 1: sich zu rechtfertigen suchen **36** = non oportuit (eam a te) attactam (esse) du hättest ihn / sie nicht ... anrühren dürfen **25 37 haud causificor, quin**: ich habe nichts dagegen (ich mache keine Einwände), dass ... **38 habeam**: (zur Frau) haben **39 tun** = tu-ne **40 quod ...**: „das Meine, das du geraubt hast" (= surripuisti) **41 dica**, -ae (griech.): Klageschrift **30 42 ita te amabit**: Juppiter möge dich so lieben, wie (Futur mit Optativbedeutung) **43 inquam**: wie gesagt **44** = confessus es **45 pernego** 1: entschieden leugnen

5 Kommentar

Plautus,
Aulularia 727 ff.

Lyconides kommt aus dem Haus seines Onkels, nachdem sich seine Beziehung zu dem Mädchen aufgeklärt hat und der Onkel von der Verlobung zurückgetreten ist ...

2 ff. Es könnte unrealistisch anmuten, dass der Junge den Euclio, den er kaum kennt, trösten will. Im Folgenden wird so formuliert (z. B. *istuc facinus*), dass Euclio unter keinen Umständen erraten kann, dass der Junge von ganz anderen Voraussetzungen ausgeht.

13 Der **nervus** war ein hölzernes Instrument, welches die Füße und Schenkel, in plautinischer Zeit auch den Nacken, fesselte (er wurde vor allem im privaten Bereich verwendet).

28 Erst mit **refers** wird endgültig klar, dass ein Missverständnis vorliegt.

5 Vertiefung

1 Wo stehen mehrdeutige Begriffe, durch welche es zu diesem Missverständnis kommen kann *(istuc facinus ...)?*

2 Wo müsste Lyconides eigentlich erkennen, dass sie von verschiedenen Dingen reden?

3 Studiere den Ergänzungstext und vergleiche ihn mit der Szene aus Plautus!

E5 text

aus: V. Akt, 3. Szene

Molière, L'Avare

(Hier spricht Harpagon von dem gestohlenen Goldschatz, Valère von Harpagons Tochter, in die er verliebt ist).

HARPAGON: Komm näher: bekenne die schwärzeste Handlung, den schrecklichsten Anschlag, der jemals begangen worden ist!

VALÈRE: Was wollen Sie, mein Herr?

H.: Wie, Verräter, du errötest nicht ob deines Verbrechens?

V:. Von welchem Verbrechen wollen Sie denn sprechen?

H.: Von welchem Verbrechen ich sprechen will, Verruchter! Wie wenn du nicht wüsstest, was ich sagen will. Vergeblich würdest du versuchen, es zu verkleiden: Die Sache ist entdeckt, und man hat mir alles mitgeteilt. Wie konnte man so meine Güte missbrauchen und sich bei mir einschleichen, eigens um mich zu verraten? Um mir einen Streich dieser Sorte zu spielen?

V.: Mein Herr, da man Ihnen alles entdeckt hat, will ich keine Ablenkungen versuchen und Ihnen nicht die Sache ableugnen. Es war meine Absicht zu Ihnen darüber zu sprechen, und ich wollte dazu günstige Konstellationen abwarten; aber da es so ist, beschwöre ich Sie, nicht böse zu werden und meine Gründe anhören zu wollen.

H.: Und welche hübschen Gründe kannst du mit bieten, ehrloser Räuber?

V.: Ach, mein Herr, ich habe diesen Namen nicht verdient. Es stimmt, dass ich gegen Sie einen beleidigenden Akt begangen habe; aber schließlich ist mein Fehler verzeihlich.

H.: Wie? Verzeihlich? Ein Anschlag, ein Mord dieser Art?

V.: Gnade, werden Sie nicht zornig! Wenn Sie mich angehört haben, werden Sie einsehen, dass das Übel nicht so groß ist, wie Sie es machen.

H.: Das Übel ist nicht so groß, wie ich es mache? Was? Mein Blut, meine Eingeweide, Galgenstrick?

V.: Ihr Blut, mein Herr, ist nicht in schlechte Hände gefallen. Ich bin von einem Stand, um ihm kein Unrecht zu tun, und in all dem gibt es nichts, was ich nicht leicht wieder gutmachen könnte.

H.: Es ist dies wohl mein Wille, und dass du mir zurückerstattest, was du mir geraubt hast.

V.: Ihre Ehre, mein Herr, wird wieder voll zufriedengestellt.

H.: Es ist darin nicht die Rede von Ehre. Aber sage mir, wer hat dich zu dieser Handlung getrieben?

V.: Ein Gott, der alles, was er anrichten lässt, entschuldigt: die Liebe!

H.: Die Liebe?

V.: Ja!

H.: Schöne Liebe, schöne Liebe, meiner Treu! Die Liebe kommt zu meinen Louis d'or.

V.: Nein, mein Herr, nicht Ihre Reichtümer haben mich in Versuchung geführt! Nicht dies hat mich geblendet, und ich erkläre feierlich, auf all Ihre Güter keinerlei Ansprüche zu erheben, wenn Sie mir das ließen, was ich habe.

H.: Nein, bei allen Teufeln, ich lasse es dir nicht. Aber seht, welche Unverschämtheit, das Diebsgut, das er mir genommen hat, behalten zu wollen.

V.: Nennen Sie das Diebstahl?

H.: Ob ich es einen Diebstahl nenne? Einen Schatz wie diesen!

V.: Ja, wirklich, es ist ein Schatz, und zweifellos der kostbarste, den Sie besitzen … usw.

(Erst nach sehr langem Hin und Her kommt heraus, dass der Junge von einer Liebschaft und einem Eheversprechen und nicht von einem Goldschatz spricht).

Teil II

M. TULLIUS CICERO (106–43 v. Chr.)

C. Verres war 73–71 als Proprätor Statthalter von Sizilien gewesen und hatte die Provinzbevölkerung ausgeplündert und widerrechtliche Todesurteile verhängt. Nach Ende seiner Amtszeit erschienen daher Vertreter der sizilischen Gemeinden in Rom, um ein Strafverfahren gegen ihn zu veranlassen. Dafür brauchten sie einen Rechtsvertreter *(patronus)* und wandten sich an Cicero, der 75 in Sizilien seine Amtsgeschäfte als Quästor und Gehilfe des Statthalters mustergültig geführt hatte. Schon in der ersten Verhandlung *(actio prima)* konnte er Verres' Verfehlungen so eindrucksvoll darstellen, dass dieser freiwillig in die Verbannung ging. Das umfangreiche Material, das Cicero für die zweite Verhandlung zusammengetragen hatte, veröffentlichte er daraufhin in fünf (nie gehaltenen) „Reden"; im Folgenden eine Kostprobe aus der fünften:

6 text

Cicero,
In C. Verrem II 5,26 f.

Verres als Statthalter von Sizilien

Temporibus hibernis ad magnitudinem frigorum et tempestatum[1] vim praeclarum hoc sibi remedium[2] compararat[3]: Urbem Syracusas elegerat, cuius hic situs[4] atque haec natura esse caeli dicitur, ut nullus umquam dies tam magna ac turbulenta tempestate fuerit, quin[5] aliquo tempore eius diei solem homines viderint. Hic ita vivebat iste bonus imperator hibernis mensibus, ut eum non facile non modo extra tectum, sed ne extra lectum[6] quidem quisquam videret. Ita diei brevitas conviviis, noctis longitudo stupris[7] et flagitiis[8] continebatur[9].

Cum autem ver esse coeperat, cuius initium iste non a favonio[10] neque ab aliquo astro notabat, sed, cum rosam viderat, tum incipere ver arbitrabatur, dabat se labori atque itineribus, in quibus eo[11] usque se praebebat patientem atque impigrum, ut eum nemo umquam in equo sedentem viderit. Nam, ut mos fuit Bithyniae[12] regibus, lectica[13] octophoro[14] ferebatur, in qua pulvinus[15] erat perlucidus[16] rosa[17] fartus[18]. Ipse autem coronam habebat unam in

1 tempestas, -atis f.: Sturm, Unwetter **2 remedium**: Gegenmittel, Schutz **3 compararat** = comparaverat **4 situs**, -us Lage

5 quin: dass nicht

6 lectus: Bett **7 stuprum**: Unzucht, Hurerei **8 flagitium**: Schandtat **9 contineo** 2: h. verbringen

10 favonius: der laue Westwind (als erster Frühlingsbote) **11 eo usque**: so sehr

12 Bithynia: Königreich an der kleinasiatischen Schwarzmeerküste **13 lectica**: Sänfte **14 octo-phoros** (griech., daher zweiendig): von 8 Männern getragen **15 pulvinus**: Kissen **16 perlucidus**: durchsichtig **17 rosa**: kollektiver Sg. **18 farcio** 4 farsi fartus: füllen, stopfen

capite, alteram in collo[19] reticulumque[20] ad nares[21] sibi admovebat tenuissimo lino, minutis maculis[22], plenum rosae[23]. Sic confecto itinere, cum ad aliquod oppidum venerat, eadem lectica usque in cubiculum deferebatur. Eo veniebant Siculorum magistratus, veniebant equites Romani, id quod ex multis iuratis[24] audistis[25]. Controversiae[26] secreto[27] deferebantur, paulo post palam[28] decreta auferebantur[29]. Deinde, ubi paulisper[30] in cubiculo pretio[31], non aequitate[32] iura[33] descripserat, Veneri iam et Libero[34] reliquum tempus deberi arbitrabatur.

25 **19 collum**: Hals **20 reticulum**: kleines Netz **21 nas, naris**: Nasenloch, pl. Nase **22 macula**: Masche (eines Netzes) **23** wie 17

30 **24 iuratus**: vereidigter Richter **25 audistis** = audivistis **26 controversia**: Streitfall **27 secreto** (adv.): statt in cubiculum

35 **28 palam** (adv.): öffentlich **29 aufero**: hinaustragen, h. draußen verkünden **30 paulisper**: kurze Zeit **31 pretium**: h. Bestechungssumme **32 aequitas**: (Prinzip der) Gleichheit **33 iura**: h. Urteile **34 Liber**: der „Befreiende“ = Bacchus

Cicero, In C.Verrem II 5,26 f.

6 Kommentar

4 Syracusas elegerat ist unsachlich: Syrakus war (nach den griechischen Tyrannen) schon immer Provinzhauptstadt.

23 lectica octophoros: eine besonders luxuriöse Sänfte (eine solche benützte auch – nach Sueton 43 – Kaiser Caligula). Caesar erließ ein Anti-Luxusgesetz, nach welchem nur Matronen über 45 eine Sänfte benutzen durften.

Abb. 2: Sänfte *(aus Herculaneum)*

6 Vertiefung

1 Die Theorie der Redekunst (Rhetorik) unterscheidet zwei entgegengesetzte „Diskurs-Taktiken“: das Pathos und die Ironie. Ersteres zielt mit tiefem Ernst auf die Empörung *(indignatio)* des Zuhörers, während die Ironie scheinbar den Standpunkt des Gegners einnimmt und ihn durch Übertreibung *lächerlich* macht. Welche Taktik wendet Cicero im vorliegenden Text an? Wo wird sie besonders deutlich?

2 Wo finden sich Metonymien (➤ Anhang 2, S. 117)? Was wird im Text zum Symbol für das luxuriöse Leben des Verres?

7 text

Cicero,
De oratore 2,276

Der Konsul Nasica und der Dichter Ennius

Nasica cum ad poetam Ennium venisset eique ab ostio[1] quaerenti[2] Ennium ancilla[3] dixisset domi non esse, sensit illam domini iussu[4] dixisse et illum intus esse. Paucis post diebus cum ad Nasicam venisset Ennius et eum ad ianuam quaereret, exclamat Nasica domi non esse[5]. Tum Ennius: „Quid? Ego non cognosco vocem“, inquit, „tuam?“ Hic Nasica: „Homo es impudens[6]: Ego cum te quaererem, ancillae tuae credidi te domi non esse, tu mihi non credis ipsi?“

1 **1 ostium**: Eingang, Tür
2 quaero 3 (+ acc.): h. nach jemandem fragen
3 ancilla: Sklavin
4 iussu (nur abl.): auf Befehl
5 **5** sc. se
10 **6 impudens**: unverschämt

7 kommentar

Cicero,
De oratore 2,276

1 **P. Cornelius Scipio Nasica** war Konsul 191 v. Chr. **Q. Ennius** (239–169) schrieb „Annalen“ in Hexametern über die Geschichte Roms bis zu seiner Zeit sowie Tragödien und Komödien nach griechischen Vorbildern.

7 vertiefung

1 Wie nennt man eine solche kurze Erzählung über eine Szene aus dem Leben eines Prominenten, die mit ihrer Schlusspointe mehr der Unterhaltung des Lesers als der historischen Glaubwürdigkeit verpflichtet ist?

2 Ist sich Nasica der Unlogik seiner Argumentation bewusst?

8 text

Cicero,
De oratore 2,280

Ein Anwalt für den Gegner

Siculus quidam, cui praetor Scipio patronum[1] causae[2] dabat hospitem suum, hominem nobilem, sed admodum[3] stultum: „Quaeso[4]“, inquit, „praetor, adversario meo da istum patronum, deinde mihi neminem dederis[5]!“

1 **1 patronum** (prädikativ): als Anwalt
2 causa: h. Prozess
3 admodum: völlig, äußerst
4 quaeso: bitte (alte Form von quaero)
5 **5 neminem dederis** = ne quem dederis: „du brauchst mir keinen zu geben“

Teil III

C. VALERIUS CATULLUS (ca. 84–54 v. Chr.)

Von den 113 uns überlieferten Catull-Gedichten sind 52 Spottgedichte in allen Nuancen von witziger Ironie und Neckerei bis zu derber, obszöner Verhöhnung. Damit setzt Catull die Tradition des griechischen **„Iambos“** fort. Das Wort bezeichnet zunächst die Dichtungsgattung des Spottgedichts, dann den in ihr verwendeten Versfuß (◡ –́). Der Iambos, von Flötenspiel begleitet (zum Unterschied von der „Lyrik“, die von der Lyra begleitet wurde), ist religiösen Ursprungs: Im Kult der Fruchtbarkeitsgöttin Demeter auf der Insel Paros hatte das Aussprechen des Hässlichen den Zweck, das Böse abzuwehren (wie in anderen Kulten das Herzeigen des Hässlichen: vgl. die Perchten und Faschingsmasken). **Archilochos** von Paros (um 650 v. Chr.) hat aus den Stegreif-Jamben dieses Kultes die literarische Gattung geschaffen. Mit seinen Jamben schmäht er seine persönlichen Feinde und macht sich über die Normen der adeligen Gesellschaft lustig. – Unmittelbares Vorbild für Catull war der spätgriechische (hellenistische) Dichter **Kallimachos** von Kyrene (ca. 300–240 v. Chr.), von dem uns 13 Jamben (z. T. fragmentarisch) erhalten sind.

Formal ging Catull neue Wege: Für die meisten seiner Spottgedichte verwendet er nicht jambische Metren, sondern entweder sein Lieblingsmetrum, den nach dem griechischen Dichter Phalaikos (4. Jh. v. Chr.) benannten **phaläceischen Elfsilber** (*Vívamús, mea Lésbia, átque amémus*; so im Folgenden alle bis Carmen 49) oder das **elegische Distichon**, das Metrum der Elegie und des Epigramms (so alle ab c. 69).

Zur Geschichte und dem Wesen des **Epigramms**: Jonische Griechen haben, angeregt vom Rhythmus kleinasiatischer Klagegesänge zur Flöte, aus dem Hexameter des Epos eine zweizeilige Strophe, das elegische Distichon, geformt. (Das Wort Elegie kommt nicht aus dem Griechischen, es dürfte vom phrygischen Wort für die Flöte kommen; „Di-stichon“ bedeutet „Zwei-Zeiler“): Auf den Hexameter folgte eine Verdoppelung von dessen erster Hälfte, der sog. Pentameter (= „Fünfmaß“, weil aus zweimal zweieinhalb Daktylen bestehend): –́ ◡̄◡̄ –́ ◡̄◡̄ –́ || –́ ◡ ◡ –́ ◡ ◡ ⏓.

Diese neue Form eignete sich besser zur Darstellung persönlicher Inhalte, die man in kleine Einheiten fasste. Solche „Epi-gramme“ (= „Auf-schriften“) waren ursprünglich auf Gräbern und Weihegeschenken für Götter zu finden und wurden in hellenistischer Zeit (3. Jh. v. Chr.) zur literarischen Gattung mit folgenden Merkmalen:

1. **Kürze und Prägnanz**, entsprechend dem ursprünglichen Zweck als Aufschrift.
2. **Spiel mit der Sprache**: Verwendung von Figuren, besonders der „Anti-these“ (= „Gegenüberstellung“) kontrastierender Begriffe, was Schiller (Kleinigkeiten, 1797) in einem berühmten Epigramm ausdrückt:
   Im Hexameter steigt des Springquells flüssige Säule,
      im Pentameter drauf fällt sie melodisch herab.
3. Geistvolle, überraschende **Schlusspointe**.

Catull hat die weitere inhaltliche Entwicklung des Epigramms entscheidend beeinflusst, indem er es auch als **Spottgedicht** verwendete (➤ T 14–16, S. 24 f.) und damit dem Klassiker der Gattung, **Martial**, zum Vorbild wurde.

Der Inhalt des Iambos, der als eigene Gattung verschwunden ist, hat im Lauf der Zeiten immer neue Ausdrucksformen gefunden: Seine Nachkommen sind (außer dem Epigramm) die Versfabel, die Satire, das Vagantenlied, das Kabarett-Lied, der Protestsong.

9 text

Catull,
carmen 13

Einladung an Fabullus

Cénabís bene, mí Fabúlle, apúd me
paucis, si tibi di favent[1], diebus,
si tecum attuleris bonam atque magnam
cenam non sine candida puella
et vino et sale[2] et omnibus cachinnis[3].
Haec si, inquam, attuleris, venuste[4] noster,
cenabis bene: Nam tui Catulli
plenus sacculus[5] est aranearum[6].
Sed contra[7] accipies meros[8] amores
seu[9] quid suavius elegantiusve est:
Nam unguentum[10] dabo, quod meae puellae
donarunt Veneres Cupidinesque[11]:
quod tu cum olfacies[12], deos rogabis,
totum ut te faciant, Fabulle, nasum[13].

1 faveo 2: gnädig sein
2 sal: Salz, h. Humor **3 cachinnus**: Gelächter
4 venustus: liebenswürdig **5 sacculus**: Geldbeutel
6 aranea: Spinne; Spinnwebe **7 contra**: als Gegengabe **8 merus**: rein, aufrichtig
9 seu quid: oder wenn etwas **10 unguentum**: (parfümierte) Salbe **11 Cupido** = Amor **12 olfacio** 3M: riechen **13 nasus**: Nase

***Abb. 3 Die Cupidines** (Amores, Eroten) **als Weinhändler** (Wandmalerei aus dem Haus der Vettier in Pompeji, 1. Jh. n. Chr.). Diese Amores sind die Vorläufer der barocken Putten.*

9 kommentar

Catull,
carmen 13

4 candida: Heller Teint entsprach dem antiken Schönheitsideal.
puella: Nach griechischer Sitte sorgte ein Gastgeber für die Anwesenheit von Mädchen (sog. Hetären), die die Gäste mit Musik und Tanz unterhielten.
11 meae puellae: Damit ist Catulls Geliebte, Clodia, gemeint, der er das Pseudonym „Lesbia" gibt, in Anspielung an die Dichterin Sappho von der Insel Lesbos. Glück und Leid dieser Liebe sind das Thema zahlreicher Catull-Gedichte.
12 Cupidines: Seit hellenistischer Zeit wird Amor als geflügelter Knabe mit Pfeil und Bogen dargestellt, und auf Pompejanischen Wandgemälden erscheinen viele solche Amores bei verschiedenen Tätigkeiten: als Goldschmiede, Apotheker oder Weinhändler (➤ Abb. 3)
14 totum ... nasum: vgl. „ich bin ganz Ohr" und G. E. Lessing, „Der Wunsch": „Wenn ich … ein schönes Mädchen sehe, möcht' ich lauter Auge sein".

9 vertiefung

1 Catull parodiert hier einen Typ von Einladungsgedichten, in denen sich der Gastgeber für seine bescheidenen Mittel entschuldigt und statt der leiblichen Genüsse geistige verspricht. Worin liegt die Parodie?

2 In welchen Wörtern / Worten siehst du witzige Pointen?

3 Vergleiche mit Martials Epigramm 3,12 (➤ T 54, S. 57) und beantworte die dort gestellten Fragen.

10 **text**

Catull, carmen 23

Furius und seine Familie

Fúri, cuí neque sérvus ést neque árca[1]
nec cimex[2] neque araneus[3] neque ignis,
verum est et pater et noverca[4], quorum
dentes vel[5] silicem[6] comesse[7] possunt,
est pulchre[8] tibi cum tuo parente
et cum coniuge lignea[9] parentis.
Nec mirum, bene nam valetis omnes,
pulchre concoquitis[10], nihil timetis:
non incendia, non graves ruinas,
non facta impia, non dolos veneni[11],
non casus alios periculorum.
Atqui corpora sicciora[12] cornu
aut, si quid magis aridum[13] est, habetis
sole et frigore et esuritione[14].
Quare non tibi sit bene ac beate?
A te sudor[15] abest, abest saliva[16]
muccusque[17] et mala pituita[18] nasi.
Hanc ad munditiem[19] adde mundiorem,
quod culus[20] tibi purior salillo[21] est
nec toto decies cacas in anno
atque id durius est faba[22] et lapillis.
Quod tu si manibus teras[23] fricesque[24],
non umquam digitum inquinare[25] posses.
Haec tu commoda tam beata, Furi,
noli spernere nec putare parvi[26]
et sestertia[27], quae soles precari[28],
centum desine, nam sat[29] es beatus!

1 arca: (Geld-)Truhe **2 cimex**: Wanze **3 araneum**: Spinnwebe **4 noverca**: Stiefmutter („neue“ Frau des Vaters) **5 vel**: sogar **6 silex**: Kieselstein **7 comesse** (Inf. von com-edo 3): aufessen

8 est pulchre: es geht gut **9 ligneus**: hölzern, dürr **10 concoquo** 3: „zusammenkochen“, verdauen

11 venenum: Gift **12 siccus**: trocken **13 aridus**: trocken **14 esuritio**: Hunger

15 sudor: Schweiß **16 saliva**: Speichel **17 muccus**: Schleim, Rotz **18 pituita**: Schnupfen **19 mundities**, -ei f.: Sauberkeit **20 culus**: Hintern **21 salillum**: Salzfass

22 faba: Bohne **23 tero** 3: zerreiben **24 frico** 1: zerreiben **25 inquino** 1: beschmutzen

26 parvi sc. pretii: geringen Wertes **27 sestertium**, -i: 1000 Sesterzen, dazu centum **28 precor** 1: erbitten **29 sat** = satis

10 **Vertiefung**

1 Was war der Anlass zu diesem Gedicht? Hältst du ihn für real oder fiktiv?

2 Die Übertreibung (Hyperbel ➤ Anhang 2, S. 120) war immer schon ein Mittel der Poesie und der Komik. Wo ist sie hier besonders deutlich?

11 text

Catull, carmen 41

Ameana ist verrückt

?Áméána? puélla défutúta[1]
tota milia[2] me decem poposcit,
ista turpiculo[3] puella naso,
decoctoris[4] amica Formiani[5].
Propinqui, quibus est puella curae[6],
amicos medicosque convocate:
Non est sana puella nec rogare,
qualis sit[7], solet. Est imaginosa[8].

Ameana ist kein römischer Name und daher in dieser Form ein Fehler der Überlieferung

1 **1 defututa**: „abgefickt", verhurt **2 milia** sc. sestertium (= gen. pl.!) **3 turpiculus**: hässlich **4 decoctor**: Bankrotteur **5 Formianus**: aus Formiae (in Latium)

5 **6 curae** (dat.): „zur Sorge" – freie Übersetzung! **7 qualis sit**: wie sie aussieht **8 imaginosus**: voller Einbildungen, verrückt (das Wort kommt nur hier vor!)

11 kommentar

Catull, carmen 41

2 milia ... decem: Damit ist wohl nicht ein einmaliger „Liebeslohn" gemeint, sondern ein Betrag, um den die Nobelkurtisane bereit war, ihren „ständigen Begleiter" zu wechseln.

4 decoctor ... Formianus: Das ist Mamurra, der unter Caesar in Gallien diente und sich dann in Rom ein Luxushaus errichtete. Dass er bankrott ging, ist nirgends überliefert! Catull greift ihn in zwei Gedichten (29, 57) auch namentlich an.

11 vertiefung

1 Zu *milia ... decem*: Welche andere als die oben gegebene Erklärung ist denkbar?

2 In V. 8 ist das sinnlose *et imaginosum* überliefert. Außer der hier aufgenommenen Korrektur wurde auch *solet aes imaginosum* (eine sonst nicht überlieferte Umschreibung eines Spiegels) vorgeschlagen: Welche Lösung erscheint dir besser?

12 text

Catull, carmen 43

Nicht vergleichbar!

Sálve, néc minimó puélla náso
nec bello[1] pede nec nigris ocellis
nec longis digitis nec ore sicco[2]
nec sane[3] nimis[4] elegante lingua,
decoctoris[5] amica Formiani.
Ten[6] provincia[7] narrat esse bellam?
Tecum Lesbia nostra comparatur?
O saeclum insapiens et infacetum[8]!

1 **1 bellus**: schön

2 siccus: trocken

3 sane: wahrlich **4 nimis**: sehr

5 **5** ➤ T 11, V. 4

6 ten = te-ne **7 provincia**: h. Gegend

8 infacetus: geschmacklos

12 Kommentar

Catull,
carmen 43

Das Gedicht ist die Parodie eines Hymnus (Lobgedicht auf einen Gott), dessen charakteristische Stilfigur die Anapher (➤ Anhang 2, S. 118) ist.

7 **Lesbia nostra**: ➤ K9, V. 11, S. 20

12 Vertiefung

Wodurch wird das Gedicht zur Parodie eines Hymnus? Inwiefern ist es doch ein solcher?

13 Text

Catull,
carmen 49

An Cicero

Dísertíssime[1] Rómulí nepótum[2],
quot sunt quotque fuere, Marce Tulli,
quotque post aliis erunt in annis,
gratias tibi maximas Catullus
agit, pessimus omnium poeta,
tanto[3] pessimus omnium poeta,
quanto tu optimus omnium patronus[4].

1 **1 disertus**: redegewandt **2 nepos**, -otis: Enkel, Nachkomme
5 **3 tanto**: um so viel **4 patronus**: Schutzherr, Anwalt

***Abb. 4: Cicero** (Rom, Kapitolinisches Museum)*

13 Kommentar

Catull,
c. 43

4 **gratias ... maximas** ist ironisch: Cicero nannte die jungen Dichter, die sich die „Alexandriner“, die griechischen Dichter am Hof der Ptolemäer in Alexandria, zum Vorbild nahmen (wie Kallimachos und Theokrit), abschätzig „neóteroi“ (Neoteriker), d. h. die „jungen Buben“. Das Gedicht ist die Antwort darauf.

13 Vertiefung

1 Welche Formen und welche Stilfiguren imitieren den pathetischen Stil von Ciceros Reden?

2 Aus welchen drei Teilen besteht das Gedicht? Welchen Vers kann man als seine „Achse“ bezeichnen?

3 Welche Bosheit steckt in *omnium*, wenn man es auf *patronus* bezieht?

4 Wo weicht die folgende Übersetzung (A. Kurfeß, 1915) vom Original ab?

Beredtster Sproß des Romulus,
mein lieber Marcus Tullius,
so viel's auch sind, so viel schon waren,
so viel noch kommen in künft'gen Jahren,
verbindlichst Dank sagt dir Catull,
als Dichter eine große Null,
so unbekannt bei Jung und Alt,
wie du berühmt als Rechtsanwalt.

14 text

Catull, carmen 69

Rufus darf sich nicht wundern

Noli admirari, quare tibi femina nulla,
 Rufe, velit tenerum[1] supposuisse[2] femur[3],
non, si illam rarae[4] labefactes[5] munere vestis
 aut perluciduli[6] deliciis[7] lapidis.
Laedit te quaedam mala fabula[8], qua tibi fertur[9]
 valle[10] sub alarum[11] trux[12] habitare caper[13].
Hunc metuunt omnes, neque mirum, nam mala valde est
 bestia, nec quicum[14] bella puella cubet[15].
Quare aut crudelem nasorum interfice pestem
 aut admirari desine, cur fugiunt!

1 **1 tener**: zart **2 supposuisse** statt supponere **3 femur**, -oris n.: Schenkel **4 rarus**: locker, dünn; kostbar **5 labe-facto** 1: „wankend machen", umstimmen **6 perlucidulus**: ziemlich durchsichtig **7 deliciae**, -arum: Freude, h. Köstlichkeit

5 **8 fabula**: h. Gerücht **9 fertur** = dicitur, mit NcI **10 vallis**: Tal, h. Höhlung; valle sub = sub valle **11 ala**: Achsel **12 trux**: hartnäckig **13 caper**: Ziegenbock **14 quicum**: alter Abl. statt quacum **15 cubo** 1: liegen

14 kommentar

Catull, carmen 69

3 rarae: Dünne Gewänder waren besonders kostbar; der Dichter spielt mit der Doppeldeutigkeit des Wortes.

14 vertiefung

In welchem Distichon ist der Anlass für das Gedicht zu finden?

15 text

Catull, carmen 78

Der einfältige Gallus

Gallus habet fratres, quorum est lepidissima[1] coniunx
 alterius[2], lepidus filius alterius.
Gallus homo est bellus, nam dulces iungit amores,
 cum puero ut bello bella puella cubet.
Gallus homo est stultus nec se videt esse maritum,
 qui patruus[3] patrui[4] monstret adulterium[5].

1 **1 lepidus**: nett, charmant

2 alterius: gen. poss. zu est: „(von denen) der eine … hat"

5 **3 patruus**: Onkel (Bruder des Vaters) **4 patrui**: zu adulterium (gen. obi.) **5 adulterium**: Ehebruch

15 Vertiefung

1 Wie viele Personen sind hier direkt, welche ist indirekt genannt? Stelle alle in einem Stammbaum zusammen.

2 Gallus wird hier mit dem Spott gleichsam verfolgt: Mit welcher Stilfigur?

3 Welche drei Stilfiguren enthält V. 4, welche zwei V. 6?

16 text

Catull, carmen 93

An Caesar

Nil nimium[1] studeo, Caesar, tibi velle placere
nec scire, utrum sis albus[2] an ater homo.

1 nil nimium: nicht allzu sehr: Litotes (➤ Anhang 2, S. 117) für „überhaupt nicht"
2 albus: weiß

16 kommentar

Catull, carmen 93

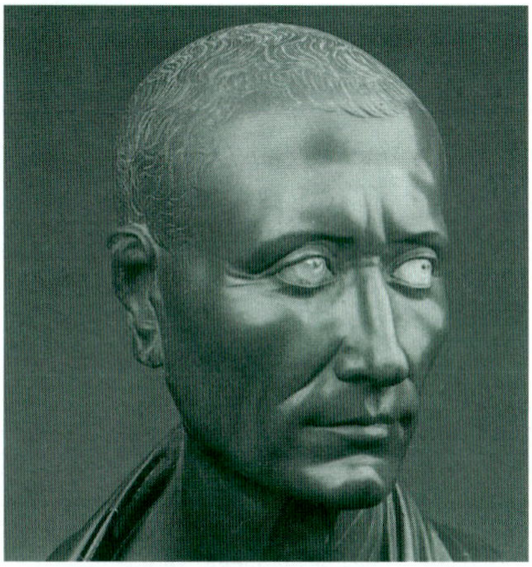

Abb. 5: C. Iulius Caesar (Grüner Schiefer, 1. Jh. n. Chr.; Berlin, Pergamonmuseum)

1 **placere** kann menschlich, künstlerisch oder politisch gemeint sein – oder auch in jedem Sinn, was dem Epigramm seine besondere Schärfe gibt.

2 **albus ... ater** spielen wohl auf ein Sprichwort an, das völlige Gleichgültigkeit ausdrückt. – Noch schärfer greift Catull Caesar in c. 57 an: Er nennt ihn *pathicus* („der es mit sich machen lässt").

Sueton lobt in seiner Caesar-Biografie (Kap. 73) dessen Toleranz:

Den Valerius Catullus, durch dessen Verse auf Mamurra er seine eigene Person als dauernd gebrandmarkt betrachtete, lud er am gleichen Tage, an dem jener ihn um Verzeihung bat, zu Tisch und unterhielt auch nach wie vor mit seinem Vater die Gastfreundschaft aufrecht.

In Thornton Wilders Briefroman aus dem Jahr 1948, „Die Iden des März" (VIII 977), macht sich Caesar in einem Brief an einen Freund Gedanken über den Hass Catulls:

> Aber warum sollte Catull mich hassen? ... Sind große Dichter unverständig in allem außer der Poesie? ... Ich gestehe, mein lieber Freund, dass ich über eine Schwäche erstaunt bin, die ich in mir erwachen fühle, eine betörende Schwäche. Oh, von einem Menschen wie Catull verstanden zu werden! Gefeiert zu werden von ihm in Versen, die nicht so bald vergessen wären!

16 Vertiefung

Welche Motive hatte Caesar wohl für den Versöhnungsversuch?

Teil IV

Q. HORATIUS FLACCUS (65–8 v. Chr.)

Horaz veröffentlichte 35 v. Chr. ein Buch mit 10 und fünf Jahre später ein zweites mit 8 Satiren in Hexametern und nannte sie ***„sermones"***, also „Gespräche". Das Wort ***satura*** (später *satira*) bedeutete zunächst „Allerlei" oder „Vermischtes" und wurde zuerst von **Ennius** (um 200 v. Chr.) zur Bezeichnung einer Sammlung von Gedichten verschiedener Form und verschiedener Inhalte verwendet.Vorwiegend zeitkritischen Inhalts sind die hexametrischen Satiren des **Lucilius** (ca. 180–102 v. Chr.), der als eigentlicher Begründer dieser Dichtungsgattung gelten kann, von der der Rhetorikprofessor Quintilian (1. Jh. n. Chr.) stolz sagt: *Satura quidem tota nostra est* – „die Satire ist ganz unser Werk", d. h. nicht von den Griechen begründet (Horaz: *Graecis intactum carmen* – „ein von den Griechen unberührtes Gedicht").

Horaz' 9. Satire des 1. Buchs ist wohl seine berühmteste: Bei einem Spaziergang auf der Sacra Via wird der Dichter von einem Zudringlichen überfallen, alle Versuche, ihn los zu werden, schlagen fehl, und erst in der Mitte des Gedichts wird klar, worum es diesem geht.

17 text

Horaz, Satire 1,9

Der Zudringliche

Ibam forte Via Sacra[1], sicut meus est mos,
nescioquid[2] meditans[3] nugarum[4], totus[5] in illis.
Accurrit quidam notus mihi nomine tantum[6]
arreptaque[7] manu „Quid agis[8], dulcissime rerum[9]?"
„Suaviter[10], ut nunc est[11]", inquam, „et cupio[12] omnia, quae vis."
Cum adsectaretur[13], „Num quid vis[14]?" occupo[15]. At ille
„Noris[16] nos", inquit, „docti[17] sumus." Hic ego: „Pluris[18]
hoc", inquam, „mihi eris." Misere[19] discedere quaerens
ire[20] modo[21] ocius[22], interdum consistere, in aurem
dicere nescioquid[23] puero[24], cum sudor[25] ad imos
manaret[26] talos[27]. „O te[28], Bolane[29], cerebri[30]
felicem", aiebam tacitus, cum quidlibet ille

1 **1** Die **Sacra Via** (hier dem Vers zuliebe umgedreht) verlief vom Esquilin durch das Forum auf das Kapitol, den Tempelberg, daher der Name **2 nescioquid** = aliquid **3 meditor** 1: über etw. nachdenken **4 nugae**, -arum: Kleinigkeiten, h. poetische Einfälle **5 totus in illis**: ganz in sie versunken **6 tantum**: nur **7 arripio** 3M: an sich ziehen **8 quid agis**: wie geht´s (ugs.) **9 rerum**: von allen (Dingen): übertriebene Höflichkeitsfloskel
5 **10 suaviter** = bene **11 ut nunc est**: wie (die Lage) jetzt ist = bis jetzt **12 cupio** sc. tibi **13 adsector** 1: weiter mitgehen **14 vis**: von volo **15 occupo** 1: zuerst anreden **16 noris** = noveris, coni. pot.: du könntest mich kennen **17 doctus**: literarisch gebildet und tätig **18 pluris** sc. pretii: mehr wert **19 misere** (adv.): ohne Erfolg **20 ire ... consistere**: histor. Inf. **21 modo**: bald **22 ocius**: schneller (Komparativ ohne Grundstufe)
10 **23 nescioquid** ➤ 2 **24 puero**: dem Sklaven, der ihn begleitet **25 sudor**: Schweiß **26 mano** 1: fließen **27 talus**: Knöchel **28 te ... felicem**: Akk. des Ausrufs **29 Bolanus**: sonst nicht bekannter Hitzkopf **30 cerebrum**: h. Hitzköpfigkeit, cerebri:

garriret[31], vicos[32], urbem laudaret. Ut illi
nil respondebam, „Misere[33] cupis“, inquit, „abire;
iamdudum[34] video. Sed nil agis[35], usque tenebo.
Persequar hinc, quo nunc iter est tibi.“ „Nil[36] opus[37] est te
circumagi[38]: Quendam volo visere non tibi notum.
Trans Tiberim longe cubat[39] is prope Caesaris hortos.“
„Nil habeo, quod agam, et non sum piger: usque sequar te.“
Demitto auriculas[40] ut iniquae mentis[41] asellus[42],
cum gravius dorso[43] subiit onus. Incipit ille:
„Si bene me novi, non Viscum[44] pluris[45] amicum,
non Varium facies[46]: Nam quis me scribere pluris[47]
aut citius possit versus? Quis membra movere[48]
mollius? Invideat quod[49] et Hermogenes[50], ego canto.“
Interpellandi[51] locus hic erat: „Est tibi mater,
cognati[52], quis[53] te salvo est opus[54] ?“ „Haud mihi quisquam,
omnes composui[55].“ ‚Felices! Nunc ego resto.
Confice[56]! Namque instat fatum mihi triste, Sabella[57]
quod puero cecinit mota divina[58] anus urna[59]:
Hunc[60] neque dira venena nec hosticus auferet ensis
nec laterum[61] dolor aut tussis[62] nec tarda[63] podagra[64]:
Garrulus[65] hunc quando[66] consumet[67] cumque: Loquaces,
si sapiat, vitet, simulatque[68] adoleverit[69] aetas.‘
Ventum erat ad Vestae[70] quarta iam parte diei
praeterita et casu[71] tum respondere[72] vadato[73]

Abb. 6: Vestatempel *auf dem Forum Romanum*

Gen. der Beziehung zu felicem (Gräzismus) **31 garrio** 4: schwätzen **32 vicus**: Stadtviertel **33 misere** ➤ 19
34 iamdudum: schon längst **35 ago**: h. Erfolg haben **36 nil**: verstärktes non (adv. Akk.) **37 opus est**: es ist nötig **38 circumagi** (medialer Inf.): einen Umweg machen **39 cubo** 1: krank im Bett liegen (Prägnanz ➤ Anhang 2, S. 120)
40 auricula: Ohr **41 iniquae mentis** (gen. qual.): „unwilligen Sinns“ = störrisch **42 asellus** = asinus **43 dorso subiit**: „mit dem Rücken darunterging“ = auf sich nahm **44 Viscus** und **Varius** gehörten zum Freundeskreis des Maecenas **45 pluris** ➤ 18 **46 facio**: h. schätzen **47 pluris** = plures **48 membra movere**: tanzen
49 quod … (konsek. Rel.-Satz): Ich singe so, dass … **50 Hermogenes**: sonst nicht bekannter Sänger **51 interpello** 1: unterbrechen **52 cognatus**: Verwandter **53 quis** = quibus **54 opus est mihi aliqua re**: ich brauche etwas **55 compono** 3: beisetzen, bestatten **56 conficio** 3M: h. „fertig machen“, umbringen **57 Sabella … anus**: eine weissagende Alte aus dem Sabeller-Land (nahe Venusia, dem Heimatort des Dichters)
58 divina: zu urna **59 urna**: Eine mit beschriebenen Losen gefüllte Urne wurde geschüttelt, aus dem herausfallenden Los wurde geweissagt. **60 hunc**: gemeint ist Horaz **61 latus**, -eris n.: Seite, Lunge **62 tussis**: Husten **63 tardus**: h. aktiv: langsam machend, beschwerlich **64 podagra**: Fußgicht **65 garrulus**: Schwätzer **66 quando … cumque**: irgendwann **67 consumo** 3: h. vernichten **68 simulatque** = simul: sobald **69 adoleverit aetas**: im Dt. anderes Subjekt!
70 Vestae sc. templum **71 casu**: zufällig **72 respondeo** 2: h. vor Gericht erscheinen **73 vador** 1: zur Kaution verpflichten, vadato (pass. abl. abs.): nachdem eine Kaution erlegt worden war

debebat; quod[74] ni fecisset, perdere[75] litem[76].
„Si me amas[77], inquit, „paulum hic ades[78]!“ „Inteream[79], si
aut valeo stare aut novi civilia iura!
Et propero, quo scis.“ „Dubius sum, quid faciam“, inquit,
„tene[80] relinquam an rem.“ „Me, sodes[81]“. „Non faciam“ ille
et praecedere coepit. Ego, ut[82] contendere durum
cum victore, sequor. „Maecenas quomodo tecum[83]?“
hinc repetit[84]. „Paucorum hominum[85] et mentis bene sanae[86]“.
„ Nemo dexterius[87] fortuna est usus. Haberes
magnum adiutorem, posset qui ferre secundas[88],
hunc hominem[89] velles si tradere[90]. Dispeream[91], ni
summosses[92] omnis[93]“ „Non isto vivimus illic,
quo[94] tu rere[95] modo: Domus[96] hac nec purior ulla est
nec magis his aliena malis. Nil mi officit[97], inquam,
ditior hic[98] aut est quia doctior: Est locus uni[99]
cuique suus.“ „Magnum narras, vix credibile.“ „Atqui
sic habet[100] .“ „Accendis[101], quare cupiam magis illi
proximus esse.“ „Velis tantummodo[102]: Quae tua virtus[103],
expugnabis; et est[104], qui vinci possit, eoque
difficilis[105] aditus primos habet.“ „Haud mihi dero[106]:
Muneribus servos corrumpam. Non, hodie si
exclusus fuero[107], desistam; tempora[108] quaeram,
occurram in triviis, deducam[109]. Nil sine magno
vita labore dedit[110] mortalibus.“ Haec dum agit[111], ecce
Fuscus Aristius occurrit, mihi carus et illum
qui pulchre[112] nosset[113]. Consistimus. „Unde venis et
quo tendis?“ rogat et respondet. Vellere[114] coepi
et pressare manu lentissima[115] bracchia[116] nutans,
distorquens oculos, ut me eriperet. Male[117] salsus
ridens dissimulare[118]. Meum iecur[119] urere[120] bilis[121].
„Certe nescioquid[122] secreto velle loqui te
aiebas mecum.“ „Memini bene, sed meliore
tempore dicam: Hodie tricesima[123], sabbata[124]: Vin[125] tu

74 quod: nämlich das Erscheinen vor Gericht **75 perdo** 3: verlieren, perdere sc. debebat **76 lis**, litis: Streit(gegenstand) **77 si me amas**: Floskel für „bitte, sei so gut“ **78 ades**: Imperativ **79 inteream**: Beteuerungsfloskel: „tot umfallen will ich“ **80** = te-ne **81 sodes** = si audes: wenn du es über dich bringst = bitte **82 ut**: kausal **83 Maecenas ... tecum**: wie steht M. zu dir? **84 repetit** sc. sermonem: das Gespräch wieder aufnehmen **85 paucorum hominum** sc. modo: Er ist (zu mir) wie nur wenige Menschen; oder (gen. qual.): Er hat nur wenige Menschen um sich **86 mentis ... sanae**: gen. qual. **87 dexterius** sc. quam tu **88 ferre secundas** sc. partes: die zweite Rolle übernehmen (wie auf einer Bühne) **89 hunc hominem** = me **90 trado** 3: h. vorstellen, einführen **91 dispeream** ➤ 79 **92 summosses** = summovisses: h. ausstechen – nämlich wenn du mich bei Maecenas einführst **93 omnis** = omnes **94 quo ... modo**: wie **95 rere** = reris **96 domus ...** = nec ulla domus hac purior est nec magis aliena his malis **97 officio** 3M: schaden **98 ditior ...** = quia hic (der eine) ditior aut doctior est **99 uni cuique** = einem jeden **100 habet**: es verhält sich **101 accendo** 3: h. anspornen **102 tantummodo**: nur **103 quae est tua virtus**: bei deinen Fähigkeiten **104 est, qui ...** (konsek. Rel.-Satz): Er ist einer, der ... **105 difficilis** = difficiles **106 dero** = deero: An mir soll´s nicht liegen **107 fuero**: statt ero **108 tempora (**prägnant): günstige Gelegenheiten **109 deduco** 3: begleiten **110 dedit**: Perf. zum Ausdruck einer zeitlosen Erfahrung, sog. gnomisches Perfekt, im Dt. Präs. **111 ago**: h. reden **112 pulchre** = bene **113 nosset** = novisset (konsek. Konj., im Dt. Ind.) **114 vellere** sc. togam **115 lentus**: empfindungslos **116 bracchium**: Arm **117 male**: statt non (vgl. frz. malsaine, malheureux) **118 dissimulare**: hist. Inf. **119 iecur**, -oris n.: Leber **120 urere**: hist. Inf. **121 bilis**: Galle; Zorn **122 nescioquid** ➤ 2 **123 tricesima** sc. dies: Neumond **124 sabbata**: Sabbatruhe **125 vin** = vis-ne

curtis[126] Iudaeis oppedere[127]?“ „Nulla mihi“, inquam,
„relligio[128] est.“ „At mi: Sum paulo infirmior, unus
multorum. Ignosces: Alias[129] loquar.“ Huncine[130] solem
tam nigrum surrexe[131] mihi! Fugit improbus ac me
sub cultro[132] linquit. Casu venit obvius illi
adversarius[133] et „Quo tu, turpissime?“ magna
inclamat voce et „Licet antestari[134]?“ Ego vero
oppono[135] auriculam. Rapit in ius[136]: Clamor utrimque,
undique concursus. Sic me servavit Apollo[137].

70 **126 curtus**: beschnitten **127 oppedo** 3: anfurzen, verhöhnen **128 relligio** (= religio, metri causa): religiöse Bedenken **129 alias**: ein andermal **130 hunci-ne ...**: AcI des Ausrufs, -ne: wahrlich **131 surrexe** = surrexisse **132 culter**: Messer: Vergleich mit einem Opfertier
75 **133 adversarius**: Prozessgegner **134 antestor** 1: (Horaz) als Zeugen nennen (dass der Zudringliche dem Gericht ausweichen wollte) **135 oppono** 3: hinhalten ➤ K **136 in ius**: zum Gericht **137 Apollo** als Gott der Dichter ➤ V. 2 nugarum

17 Kommentar

Horaz,
Satire 1,9

18 Caesaris hortos: Sie lagen jenseits des Tiber, eine Wegstunde vom Forum; wurden dem Volk testamentarisch von Caesar geschenkt.

23 L. Varius Rufus war Tragödiendichter und führte Horaz bei Maecenas ein.

pluris aut citius ... versus: Das Viel- und Schnellschreiben entsprach gerade *nicht* den Idealen der hellenistischen Dichter, die Horaz sich zum Vorbild nahm.

24 membra movere ... canto: Tanzen und Singen galt als unmännlich.

28–34 Horaz spricht zu sich selbst.

30 divina wird die Urne als Wahrsageinstrument genannt.

31–34 Der feierliche Ton parodiert das Pathos der Orakelsprüche.

38 me amas: ohne Synaloephe (Elision) zu lesen

39 stare: Bei der Verhandlung vor dem Prätor musste man stehen.

61 Fuscus Aristius war Komödiendichter und wird auch sonst von Horaz als Freund genannt.

77 oppono auriculam: Das Ohr galt als Sitz des Gedächtnisses.

78 Sic ... Apollo ist die Parodie einer Iliasstelle: Hier rettet Apoll Hektor vor Achill.

17 Vertiefung

1 Wie wird der „Überfall“ des Zudringlichen in V. 3 f. sprachlich verdeutlicht?

2 Welche phonetische Figur (➤ Anhang 2, S. 118) fällt in V. 24 f. auf?

3 Wo zeigt sich zum ersten Mal, dass der Zudringliche kein harmloser Schwätzer ist, sondern auf ein bestimmtes Ziel losgeht? Wo verrät er endgültig seine wahre Absicht?

4 Wo sind Horaz’ Worte ironisch?

5 Woran ist in in V. 57 ff. die Hartnäckigkeit des Zudringlichen erkennbar?

6 Inwiefern weist der Schlusssatz in „Ringkomposition“ auf den Anfang zurück ?

7 Man hat die Satire mit einem Drama verglichen:

a Wo ist der Wendepunkt (die „Peripetie“), d. h. wo entscheidet sich, dass Horaz zum Gefangenen des Zudringlichen wird?

b Wer ist, wie in vielen griechischen Tragödien, der rettende *deus ex machina*?

Teil V

PHAEDRUS (ca. 15 v.–55 n. Chr.)

„Phaidros“ (so die griechische Form seines Namens) stammte aus Makedonien und kam als Sklave nach Rom in das Haus des Augustus, der ihm – wohl in Anerkennung seines Talents – die Freiheit schenkte. In den Handschriften wird er daher *Augusti libertus* genannt.

Erhalten sind uns von ihm 5 Bücher mit insgesamt **94 Fabeln**; dazu kommen **32**, die wahrscheinlich von ihm stammen und vom Humanisten **Perotti** etwa 1470 eigenhändig kopiert wurden (sog. *„Appendix Perottina“*).

Das **Substantiv *fabula*** (vom Verbum *fari* = „sagen, erzählen“) hat verschiedene Bedeutungen:
1. die dem Verb entsprechende, nämlich „Gerede, Gespräch, Erzählung“;
2. eine Bezeichnung alles Erfundenen und Erdichteten wie Sage, Mythos und Theaterstück;
3. eine kurze volkstümliche Erzählung, die unterhalten und belehren will und in der häufig (aber nicht immer) Tiere als handelnde und sprechende Personen auftreten.

Das deutsche Lehnwort **„Fabel“** hat meist die dritte der genannten Bedeutungen, bezeichnet aber in der Literaturwissenschaft auch den Grundplan im Handlungsverlauf einer epischen oder dramatischen Dichtung.

Dass man **Tiere wie Menschen** handeln und sprechen ließ, hat wohl drei Gründe bzw. Wurzeln:
1. das Märchen und den Mythos (Götter wurden, wie in Ägypten, häufig in Tiergestalt verehrt);
2. aufgrund allgemein als bekannt vorausgesetzter Verhaltensweisen können Tiere als Typen eingesetzt werden (der „schlaue“ Fuchs, der „gierige Wolf“, „lammfromm“);
3. die Möglichkeit der „maskierten“ Kritik an politischen und gesellschaftlichen Zuständen. Klage und Kritik der sozial Schwächeren erscheinen häufig als Tierfabel.

Die Tierfabel hat eine lange **Geschichte**: Sie findet sich schon im 2. Jahrtausend in sumerischen Texten Mesopotamiens. In der griechischen Literatur ist sie zunächst Bestandteil anderer Werke, so eines Lehrgedichts des Hesiod (um 700 v. Chr.), und zeigt hier bereits den sozialkritischen Aspekt: Der Habicht erklärt der Nachtigall ganz unverblümt, dass sie ihm hilflos ausgeliefert ist.

Im 6. Jh. entstand ein Volksbuch, das die mit vielen Fabeln ausgeschmückte Lebensgeschichte des aus Kleinasien stammenden Sklaven **Aísopos (Äsóp)** erzählt. Aus diesem (nicht erhaltenen) Buch und aus mündlich Überliefertem stellte ein Schüler des Aristoteles um 300 v. Chr. eine Fabelsammlung zusammen, die wahrscheinlich von Phaedrus benützt wurde. Auch sie ging im Mittelalter verloren. Erhalten sind uns unter dem Namen Äsop mehr als 400 griechische Prosafabeln aus dem 2.–5. Jh. n. Chr.

In der römischen Literatur sind, wie in der frühen griechischen, Fabeln zunächst nur vereinzelt zu finden, so bei Lucilius (2. Jh. v. Chr.), Horaz und Livius (60 v.–17 n. Chr.), ehe **Phaedrus** sein poetisches Schaffen ganz dieser Gattung widmet. Seine Sammlung enthält außer Tierfabeln Märchenähnliches, Anekdoten und Novellistisches. Die Verwendung der Stilmittel und der klare Aufbau (s. unten) zeigen den Einfluss der Rednerschulen, die moralisch belehrenden Teile der Fabeln erinnern an die griechische Popularphilosophie, die mit ihren auf das private Glück zielenden Lebensregeln in der frühen Kaiserzeit sehr beliebt war. Trotz aller Einflüsse ist Phaedrus jedoch ein eigenständiger Dichter, der sich durch seine einfache, aber prägnante Sprache, durch sparsame und wirkungsvolle Verwendung von Stilmitteln und vor allem durch die Fähigkeit auszeichnet, mit wenigen Strichen lebendige Gestalten und Szenen zu zeichnen. Die Konzentration auf das Wesentliche *(brevitas)* rechnet er sich selbst seinen griechischen Vorbildern gegenüber als Verdienst an.

Alle Phaedrus-Fabeln haben als Versmaß den **jambischen „Senar“** (*versus senarius*, von *seni* = „je sechs“) aus sechs Jamben (∪ –́). Diese können, da jede Länge durch zwei Kürzen (wie in der Musik eine Viertel- durch zwei Achtelnoten) und jede Kürze durch eine Länge ersetzt sein kann, in folgenden Varianten erscheinen: ∪ ∪́ ∪ | — –́ | ∪ ∪ ∪́ ∪ | — ∪́ ∪ | ∪ ∪ –́. Außerdem ist, wie in allen lateinischen Versen, die letzte Silbe beliebig, d. h. sie kann lang oder kurz sein. Mit der Wahl dieses Metrums stehen die Fabeln in der Tradition sowohl des griechischen Iambos (➤ Catull, S. 19) als auch des Dramas, dessen Sprechverse überwiegend jambisch sind. Fabeln haben manches mit dem Drama gemeinsam: direkte Reden, Streitgespräche, Konfliktsituationen.

Die Fabeln haben einen bestimmten **Aufbau**, wobei die einzelnen Teile ausführlicher oder kürzer sein können, im Wesentlichen aber fast immer anzutreffen sind:

A. Der **belehrende** Teil bringt die „Moral der Geschichte“. Er kann als **Promythion** (Vorwort) oder **Epimythion** (Nachwort) erscheinen; manche Fabeln haben auch beides.

B. Der **erzählende** Teil besteht aus:
   1. der **Exposition** mit der Angabe der Hauptfiguren, des Ortes und der Ausgangssituation;
   2. dem **Konflikt**; er ist dargestellt in
      Handlung und Gegenhandlung
      oder Handlung und Gegenrede
      oder Rede und Gegenhandlung
      oder Rede und Gegenrede;
   3. dem **Ergebnis**.

Die antike Fabel hat, obwohl Phaedrus die Anerkennung zu Lebzeiten versagt blieb, eine lange **Wirkungsgeschichte**. Fabelsammlungen in Versen gab es bis in die Spätantike, außerdem entstanden Prosafassungen. Im Mittelalter und dann bei Martin Luther waren Fabeln in Predigten als Gleichniserzählungen nach biblischem Muster beliebt. Die berühmteste Fabelsammlung der Neuzeit ist die 1668 von Jean de **La Fontaine** edierte (237 Versfabeln, davon 21 aus Phaedrus). Im 18. Jh. schrieb Gotthold Ephraim **Lessing** Vers- und Prosafabeln und theoretische „Abhandlungen zur Fabel“ (1759). Der zehnjährige Goethe übersetzte, angeregt durch die Schullektüre, Fabeln des Phaedrus ins Deutsche. Im 19. Jh. schrieben u. a. Franz Grillparzer, Heinrich Heine, Wilhelm Busch und die Philosophen Sören Kierkegaard und Friedrich Nietzsche Fabeln, im 20. Jh. u. a. Franz Kafka, Joachim Ringelnatz und Bert Brecht.

18 text

Phaedrus, Prologus

Prologus

Aesópus áuctor quám matériam[1] répperít,
hanc égo polívi[2] vérsibús senáriís.
Dupléx libélli dós[3] est, quód risúm[4] movét
et quód prudénti vítam cónsilió monét.
Calúmniári[5] sí quis áutem vóluerít[6],
quod árborés loquántur[7], nón tantúm[8] feráe[9],
fictís iocári[10] nós memínerit[11] fábulís!

1 **1 materia**: Stoff, Material; quam materiam = materiam, quam … **2 polio** 4: glätten, bearbeiten, verfeinern **3 dos**, dotis: Mitgift, Gabe **4 risus**, -us: Lachen
5 **5 calumnior** 1: kritisieren **6 voluerit**: die Absicht haben sollte (coni. pot.) **7 loquantur**: der Konj. drückt die Absicht des Sprechenden aus (coni. subi. im Kausalsatz) **8 tantum**: nur **9 fera**: Tier **10 iocor** 1: scherzen **11 meminerit**: coni. perf. mit Präsensbedeutung

18 Kommentar

Phaedrus
Prologus

1 f. materiam … polivi: wie ein Bildhauer! Phaedrus erhebt zunächst nur den Anspruch, den Stoff Äsops in Verse gebracht zu haben; doch von Buch zu Buch wird er selbstständiger, und im Prolog zum 4. Buch sagt er, seine Fabeln seien nicht mehr *fabulae Aesopi*, sondern *fabulae Aesopiae* = „nach Art des Äsop“

3 f. risum … consilio: vgl. Horaz, *„De arte poetica“* 333 f.:
Aut prodesse volunt aut delectare poetae / aut simul et iucunda et idonea dicere vitae.

6 arbores: Fabeln mit sprechenden Bäumen sind uns von Phaedrus nicht erhalten; sie waren auch sicher selten und sind hier als extreme Beispiele für das Abweichen von der Realität erwähnt.

18 Vertiefung

1 Aus welchen drei Teilen besteht der Prolog? Welcher Teil ist durch Endreim als Einheit markiert?

2 Womit vergleicht Phaedrus seinen *libellus*, wenn er ihm eine *dos* mitgibt?

3 Welche Stilfiguren enthält der letzte Vers?

19 Text

Phaedrus
1,1

Lupus et agnus – Der Wolf und das Lamm

Ad rívum[1] eúndem lúpus et ágnus véneránt
sití[2] compúlsi: Súperiór[3] stabát lupús
longéque inférior ágnus. Túnc fauce[4] improbá
latro[5] íncitátus iúrgií[6] causam íntulít.
„Cur“, ínquit, „túrbuléntam[7] fécistí mihí
aquám bibénti?“ Lánigér[8] contrá timéns:
„Qui[9] póssum, quáeso, fácere, quód quererís, lupé?
A té decúrrit ád meós haustús[10] liquór.“
Repúlsus ílle véritátis víribús:
„Ante hós[11] sex ménses mále[12]“, ait, „díxistí mihí.“
Respóndit ágnus: „Équidem[13] nátus nón erám.“
„Pater hércle[14] túus ibi“, ínquit, „máledixít mihí.“
Atque íta corréptum lácerat[15] íniustá necé.
Haec própter íllos scrípta est hómines fábulá,
qui fíctis cáusis ínnocéntes ópprimúnt.

1 **1 rivus**: Bach **2 sitis**, -is (abl. -i): Durst **3 superior**: weiter oben **4 faux**, faucis f.: Rachen; Fressgier **5 latro**: Räuber **6 iurgium**: Streit

5 **7 turbulentus**: trüb **8 lani-ger**: „Wollträger“ **9 qui:** wie (alter abl. modi) **10 haustus**, -us m.: Trinken

10 **11 hos**: diesen (zuletzt vergangenen) = vor jetzt … **12 maledico** 3 (+ dat.): beschimpfen **13 equidem**: wahrlich **14 hercle**: „beim Hercules“ = fürwahr **15 lacero** 1: zerfleischen

19 Kommentar

Phaedrus
1,1

5 f. turbulentam … aquam: Davon stammt die Redewendung „kein Wässerchen trüben können“ für besondere Harmlosigkeit.

19 Vertiefung

1 Folgt die Fabel dem üblichen Aufbauschema (➤ S. 31)?

2 Wie viele Vorwände gebraucht der Wolf? Was haben sie sprachlich gemeinsam?

3 Welche politische Aussage steckt darin, dass der Wolf das Lamm nicht sofort tötet, was er ja tun könnte, sondern verschiedene Vorwände gebraucht?

4 Zum Vergleich:

a G. E. Lessing, Der Wolf und das Schaf

Der Durst trieb ein Schaf an den Fluss; eine gleiche Ursache führte auf der anderen Seite einen Wolf herzu. Durch die Trennung des Wassers gesichert und durch die Sicherheit höhnisch gemacht, rief das Schaf dem Räuber hinüber: „Ich mache dir doch das Wasser nicht trübe, Herr Wolf? Sieh mich recht an: Habe ich dir nicht etwa vor sechs Wochen nachgeschimpft? Wenigstens wird es mein Vater gewesen sein." Der Wolf verstand die Spötterei; er betrachtete die Breite des Flusses und knirschte mit den Zähnen. „Es ist dein Glück", antwortete er, „dass wir Wölfe gewohnt sind, mit euch Schafen Geduld zu haben", und ging mit stolzen Schritten weiter.

Ist das noch dieselbe Fabel?

b Helmut Arntzen (geb. 1931), **Der Wolf und das Lamm**

Der Wolf kam zum Bach. Da entsprang das Lamm. Bleib nur, du störst mich nicht, rief der Wolf. Danke, rief das Lamm zurück, ich habe im Äsop gelesen.

20 text

Phaedrus
1,3

Graculus superbus et pavo – Die hochmütige Krähe und der Pfau

Ne glóriári[1] líbeat[2] álienís bonís
suóque pótius hábitu[3] vítam dégeré,
Aesópus nóbis hóc exémplum pródidít:
Tuméns[4] ináni[5] gráculús supérbiá
pennás, pavóni quáe decíderant, sústulít
seque éxornávit. Deínde cóntemnéns suós[6]
se immíscuít pavónum fórmosó gregí.
Illi ímpudénti[7] pénnas éripiúnt aví
fugántque róstris[8]. Mále mulcátus[9] gráculús
redíre máerens cóepit ád propriúm genús.
A quó repúlsus trístem[10] sústinuít notám.
Tum quídam ex íllis, quós priús despéxerát:
„Conténtus[11] nóstris sí fuísses sédibús,
et, quód natúra déderat, vóluissés patí,
nec íllam expértus ésses cóntuméliám[12]
nec hánc repúlsam[13] túa sentíret cálamitás[14]".

1 **1 glorior** 1: sich rühmen **2 ne ... libeat**: dass man nicht ... soll **3 habitus**: Aussehen, Gestalt, Kleidung **4 tumeo** 2: geschwollen sein, aufgeblasen sein **5 inanis**: leer, nichtig, selbstgefällig

5 **6 suos**: die Seinen **7 impudens**: schamlos **8 rostrum**: Schnabel **9 mulco** 1: misshandeln, zurichten

10 **10 tristem ... notam**: bittere Schmach ➤ K **11 contentus**: zufrieden

15 **12 contumelia**: Schmach **13 repulsa**: Zurückweisung **14 tua ... calamitas**: du Unglückliche, du in deinem Unglück

20 kommentar

Phaedrus
1,3

11 nota ist eigtl. das Brandmal, dann metaphorisch die Rüge durch den Prätor; hier ist nota als Metapher der Metapher gebraucht.

16 calamitas: Phaedrus verwendet öfter das abstrakte Substantiv statt des entsprechenden Adjektivs.

20 vertiefung

1 Welche sprichwörtliche Redewendung hat in dieser Fabel ihren Ursprung?

2 Beschreibe den Aufbau der Fabel. Folgt er dem üblichen Schema (➤ S. 31)?

3 Zum Vergleich: **G. E. Lessing, Die Pfauen und die Krähe**

Eine stolze Krähe schmückte sich mit den ausgefallenen Federn der farbichten Pfaue und mischte sich kühn, als sie genug geschmückt zu sein glaubte, unter diese glänzenden Vögel der Juno. Sie ward erkannt, und schnell fielen die Pfaue mit scharfen Schnäbeln auf sie, ihr den betriegerischen Putz auszureißen.

„Lasset nach!“ schrie sie endlich. „Ihr habt nun alle das Eurige wieder.“ Doch die Pfaue, welche einige von den eignen glänzenden Schwingfedern der Krähe bemerkt hatten, versetzten: „Schweig, armselige Närrin; auch diese können nicht dein sein!“ – und hackten weiter.

Welche menschliche Schwäche prangert Lessings Version zusätzlich an?

21 text

Phaedrus
1,4

Canis per fluvium carnem ferens – Der Hund, der ein Stück Fleisch durch den Fluss trägt

Amíttit mérito[1] próprium, qui álienum áppetít.
Canís per flúmen cárnem[2] dúm[3] ferrét natáns[4],
lymphárum[5] in spéculo[6] vídit símulacrúm[7] suúm
aliámque práedam ab álteró ferrí putáns
erípere vóluit; vérum[8] décepta[9] áviditás[10]
et[11], quém tenébat óre, dímisít cibúm,
nec, quém petébat, pótuit ádeo attíngeré.

1 **1 merito**: mit Recht **2 caro**, carnis f.: Fleisch **3 dum**: als (durch inhaltsschwerere Wörter vom Gliedsatzbeginn verdrängt) **4 nato** 1: schwimmen **5 lympha**: (klares) Wasser **6 speculum**: Spiegel **7 simulacrum**: Ebenbild

5 **8 verum**: aber **9 decipio** 3M: täuschen decepta sc. est **10 aviditas**: Gier **11 et … nec … adeo**: einerseits … andererseits … erst recht nicht

21 Vertiefung

1 Auch diese kurze Fabel enthält die typischen Aufbauelemente (➤ S. 31). Zeige diese.
2 Inwiefern zeigt V. 1 eine raffinierte Wortstellung?
3 Welche Wortart gibt es in dieser Fabel besonders häufig, welche fehlt gänzlich?
4 Wodurch unterscheidet sich hier das Verhalten des Tieres(!) von dem in den bisherigen Fabeln?

22 text

Phaedrus 1,7

Vulpes ad personam tragicam – Der Fuchs zur Tragödienmaske

Persónam[1] trágicam fórte vúlpes víderát.
„O quánta spécies[2]“, ínquit, „cérebrum nón habét!“
Hoc íllis díctum est, quíbus honórem et glóriám
Fortúna tríbuit, sénsum cómmunem[3] ábstulít.

1 persona: Maske ➤ K **2 quanta species**: welch eindrucksvolle Erscheinung **3 sensus communis**: (allen) gemeinsamer Verstand = gesunder Menschenverstand, Hausverstand

Abb. 7: Theatermasken *(Kopien aus dem 1. Jh. n. Chr.; Rom, Thermenmuseum)*

22 kommentar

Phaedrus 1,7

1 **persona tragica**: Die Tragödienmasken umschlossen den ganzen Kopf und hatten einen ernsten, feierlichen Ausdruck. Das Wort *persona* kommt wahrscheinlich von etruskisch „phersu“ (Maske)

4 **Fortuna**: Der Glaube an die launenhafte Glücksgöttin verdrängte in hellenistischer Zeit (ab 300 v. Chr.) oft den Glauben an die alten Götter.

sensus communis war ein Leitbegriff der „kynischen“ Philosophen (➤ K 130, S. 106 f.).

22 Vertiefung

1 Welche Antithesen (➤ Anhang 2, S. 119) enthält die Fabel?

2 Zum Vergleich: **G. E. Lessing, Der Fuchs und die Larve**

Vor alten Zeiten fand ein Fuchs die hohle, einen weiten Mund aufreißende Larve eines Schauspielers. „Welch ein Kopf!" sagte der betrachtende Fuchs. „Ohne Gehirn und mit einem offenen Munde! Sollte das nicht der Kopf eines Schwätzers gewesen sein?" – Dieser Fuchs kannte euch, ihr ewigen Redner, ihr Strafgerichte des unschuldigsten unserer Sinne!

Um welches Motiv erweiterte Lessing die Fabel? Was zeigt ein Vergleich der Epimythia?

23 Text

Phaedrus 1,13

Vulpes et corvus – Der Fuchs und der Rabe

Qui sé laudári gáudet vérbis súbdolís[1],
será[2] dat póenas[3] túrpes páeniténtiá[4].
Cum dé fenéstra córvus ráptum cáseúm
comésse[5] véllet célsa[6] résidens árboré,
vulpés hunc vídit, deínde síc coepít loquí:
„O quí[7] tuárum, córve, pénnarúm est nitór[8]!
Quantúm decóris[9] córpore ét vultú gerís!
Si vócem[10] habéres, núlla príor[11] alés[12] forét[13]."
At ílle stúltus, dúm vult vócem osténderé,
emísit óre cáseúm, quem céleritér
dolósa vúlpes ávidis rápuit déntibús.
Tum démum ingémuit[14] córvi déceptús[15] stupór[16].

1 **1 subdolus**: hinterlistig **2 serus**: spät **3 poenas dare**: Buße zahlen **4 paenitentia**: Reue **5 comedo** 3: fressen, comesse: alternativer Inf. **6 celsus**: hoch
5 **7 qui** = qualis, zu nitor **8 nitor**: Glanz **9 quantum decoris** = quantum decorem: welchen Schmuck **10 vocem** (prägnant): eine schöne Stimme **11 prior**: überlegen, zu foret **12 ales**, -itis f.: Vogel **13 foret** = esset
10 **14 ingemisco** 3: aufseufzen **15 decipio** 3M: täuschen **16 stupor**: Dummheit

23 Kommentar

Phaedrus 1,7

3 fenestra: Häuser waren in der Antike ursprünglich fensterlos und erhielten das Tageslicht vom Innenhof (wie orientalische Häuser vielfach bis heute). Das Einbauen von Fenstern lernten die Römer von den Etruskern und sie übernahmen auch deren Wort.

12 corvi ... stupor ist stärker als *corvus stupidus*.

23 Vertiefung

1 Zeige die Ausgewogenheit der Aufbauelemente (➤ S. 31). Welches ist das Kernstück der Fabel?

2 Durch welche Fähigkeiten ist der Fuchs dem Raben überlegen?

3 Zum Vergleich: **Jean de La Fontaine, Der geschmeichelte Sänger**

Herr Rabe auf dem Baume hockt,
im Schnabel einen Käs.
Herr Fuchs, vom Dufte angelockt,
ruft seinem Witz gemäß:
„Ah, Herr Baron von Rabe,
wie hübsch Ihr seid, wie stolz Ihr seid!
Entspricht auch des Gesanges Gabe
dem schönen schwarzen Federkleid,
seid Ihr der Phönix-Vogel unter allen.“

Der Rabe hört´s mit höchstem Wohlgefallen,
lässt gleich auch seine Stimme schallen,
und aus dem Rabenschnabel rollt der Fraß
dem Fuchs ins Maul, der unten saß.
Der lachte:„Dank für die Bescherung!
Von mir nehmt dafür die Belehrung:
Ein Schmeichler lebt von dem, der auf ihn hört.
Die Lehre ist gewiss den Käse wert.“
Der Rabe saß verdutzt und schwor,
das käm ihm nicht noch einmal vor.

La Fontaine sagte, er wolle seine Leser erheitern. Mit welchen Details gelingt ihm das?

24 text

Phaedrus 1,24

Rana rupta et bos – Der zerplatzte Frosch und der Ochse

Inóps[1], poténtem dúm vult ímitarí, perít.
In práto[2] quóndam rána cónspexít bovém
et tácta invídia[3] tántae mágnitúdinís
rugósam[4] inflávit[5] péllem[6]. Túm natós[7] suós
intérrogávit, án[8] bove ésset látiór.
Illí negárunt[9]. Rúrsus íntendít cutém[10]
maióre nísu[11] et símili quáesivít modó,
quis máior ésset. Ílli díxerúnt bovém.
Novíssime[12] índignáta[13] dúm vult válidiús
infláre[14] sése, rúpto iácuit córporé.

1 **1 inops**: hilflos, schwach **2 pratum**: Wiese **3 invidia**: Neid (abl. causae zu tacta) **4 rugosus**: runzelig **5 inflo** 1: aufblasen **6 pellis**, -is f.: Fell (Erbwort!), Haut **7 natus**: poetisch für filius
5 **8 an**: ob **9 negarunt** = negaverunt **10 cutis**: Haut **11 nisus**: Anstrengung **12 novissime**: zuletzt, schließlich **13 indignor** 1: empört sein
10 **14 inflo** 1: aufblasen

24 Vertiefung

1 Welche sprichwörtliche Redewendung und welche verbale Metapher (➤ Anhang 2, S. 118) des Deutschen haben in dieser Fabel ihren Ursprung?

2 Warum sind die „Gegenreden“ so kurz?

3 Was fällt sprachlich an der Beschreibung des dreimaligen sich Aufblasens des Frosches auf?

4 Aus welchen vier durch Adverbia gekennzeichneten „Akten“ besteht diese „Tragödie“?

5 In welchem Bereich des heutigen Lebens hat die Aussage der Fabel (Promythion!) besondere Gültigkeit?

25 text

Phaedrus
2,7

Muli duo et raptores – Zwei Maultiere und die Räuber

Mulí graváti[1] sárcinís[2] ibánt duó:
Unús ferébat físcos[3] cúm pecúniá,
altér tuméntes múlto sáccos hórdeó[4].
Ille ónere díves célsa[5] cérvice[6] éminét[7]
clarúmque[8] cóllo[9] iáctat[10] tíntinnábulúm[11],
comés quiéto séquitur ét placidó[12] gradú[13].
Subitó latrónes[14] éx insídiis[15] ádvolánt
intérque cáedem[16] férro múlum sáuciánt[17],
dirípiunt númmos[18], néglegúnt vile[19] hórdeúm.
Spoliátus[20] ígitur cásus cúm flerét suós,
„Equidem“, ínquit álter, „mé contémptum[21] gáudeó,
nam níl amísi néc sum láesus vúlneré.“
Hoc árgyménto[22] túta est hóminum ténuitás[23];
magnáe perículo súnt opés obnóxiáe[24].

1 **1 gravo** 1: belasten, beladen **2 sarcina**: Last **3 fiscus**: Korb **4 hordeum**: Gerste **5 celsus**: hoch, erhoben **6 cervix**, -icis f.: Nacken **7 emineo** 2: emporragen
5 **8 clarus**: hell tönend **9 collum**: Hals **10 iacto** 1 = iacio 3M **11 tintinnabulum**: Glöckchen **12 placidus**: friedlich, still **13 gradus**: Schritt **14 latro**: Räuber **15 insidiae**, -arum: Hinterhalt **16 caedes**, -is: Dreinschlagen **17 saucio** 1: verletzen **18 nummus**: Münze **19 vilis**, -e: billig
10 **20 spoliatus** sc. mulus **21 contemptum** sc. esse **22 hoc argumento**: nach dieser Geschichte **23 tenuitas**: Armut **24 obnoxius**: ausgesetzt, ausgeliefert

25 kommentar

Phaedrus
2,7

2 fiscus: Seit Augustus gab es außer der alten Staatskasse *(aerarium)* vom Kaiser verwaltete Kassen *(fisci)*, in die die Provinzeinnahmen flossen und aus denen öffentliche Bauten finanziert wurden; daher unser „Fiskus“ für die Finanzbehörde.

25 vertiefung

1 Zeige die Ausgewogenheit der Aufbauelemente (➤ S. 31).

2 Worin zeigt sich hier die für Phaedrus typische *brevitas?*

3 Beschreibe eine heutige Situation, auf die das Epimythion zutrifft.

26 text

Phaedrus
3,9

Socrates ad amicos – Sokrates an die Freunde

Vulgáre[1] amíci nómen[2], séd rará est fidés.
Cum párvas áedes síbi fundásset[3] Sócratés,
ex pópulo síc nescíoquis, út fierí solét:

1 **1 vulgaris**, -e: im Volk verbreitet, vulgare sc. est **2 amici nomen**: die Bezeichnung Freund **3 fundo** 1: gründen, bauen

„Quaesó[4], tam angústam[5] tális vír ponís domúm?“
„Utinam“, ínquit, „véris hánc amícis ímpleám[6]!“

4 quaeso: (ich) bitte **5 angustus**: eng, klein
5 **6 impleo** 2 = compleo: füllen

26 kommentar

Phaedrus
3,9

Sokrates (469–399 v. Chr.), einer der bedeutendsten griechischen Philosophen, zog Jugendliche auf der Straße ins Gespräch und führte sie durch gezielte Fragetechnik zur Selbsterkenntnis. Mit der Begründung, die Jugend zu verderben und nicht an die Götter zu glauben, wurde er zum Tod durch den Schierlingsbecher verurteilt.

Abb. 8: Sokrates (Rom, Kapitolinisches Museum)

26 vertiefung

1 Diese Anekdote findet sich auch in der unter dem Namen Äsops überlieferten Sammlung. Kann sie von Äsop sein?

2 Was ist hier anachronistisch, d. h. was wird als historisch Späteres vorweggenommen?

3 Sokrates hat nichts Schriftliches hinterlassen. Was gilt als sein berühmtester Ausspruch?

27 text

Phaedrus
3,12

Pullus ad margaritam – Der junge Hahn zur Perle

In stérquilíno[1] púllus[2] gállináceús[3]
dum quáerit éscam[4], márgarítam répperít.
„Iacés indígno quánta[5] rés“, inquít, „locó!
Hoc sí quis prétii cúpidus vídissét tuí,
olím redísses ád splendórem[6] prístinúm[7].
Ego quód[8] te invéni, pótior[9] cúi multó est cibús,
nec tíbi prodésse néc mihí quicquám[10] potést.“
Hoc íllis nárro, quí me nón intéllegúnt.

1 **1 sterquilinum**: Misthaufen **2 pullus**: junger Vogel, junger Hahn **3 gallinaceus**: vom Haushuhn **4 esca**: Futter **5 quanta**: h. wie kostbar
5 **6 splendor**: Glanz **7 pristinus**: alt, früher **8 quod**: der Umstand, dass **9 potior**: lieber, wichtiger **10 quicquam** = quidquam

27 vertiefung

1 Welche deutsche sprichwörtliche Wendung drückt dasselbe aus?

2 Welche Besonderheit zeigt das Epimythion?

28 text

Phaedrus 4,3

De vulpe et uva – Der Fuchs und die Traube

Famé[1] coácta vúlpes álta in vineá[2]
uvam áppetébat súmmis sáliens[3] víribús.
Quam tángere út non pótuit, díscedéns aít:
„Nondúm matúra est; nólo acérbam[4] súmeré."
Qui, fácere quáe[5] non póssunt, vérbis élevánt[6],
adscríbere hóc debébunt éxemplúm sibí.

1 **1 fames**: Hunger **2 vinea**: Weinstock **3 salio** 4: springen **4 acerbus**: sauer

5 **5 quae**: das, was … (Objektsatz zu elevant) **6 elevo** 1: erleichtern, verkleinern, h. schlecht machen

28 kommentar

Phaedrus 4,3

1 **alta**: Weinstöcke wurden oft an Ulmen hochgezogen.
2 **uvam**: Füchse, Hunde und Marder fressen auch saftige Obstsorten (Beeren, Kirschen, Trauben).

28 vertiefung

1 Enthält auch diese kurze Fabel die üblichen Aufbauelemente?

2 Die moderne Psychologie hat festgestellt, dass Frustration folgende Reaktionen auslösen kann: Aggression, Flucht oder Rationalisierung, d. h. verstandesmäßige Begründung des Versagens, die entweder ehrlich oder eine Selbsttäuschung sein kann. Welche Reaktion zeigt der Fuchs?

3 Beschreibe eine alltägliche Situation, auf die diese Fabel anwendbar ist.

4 Zum Vergleich:

a La Fontaine, Der Fuchs und die Trauben

Ein Fuchs, der auf die Beute ging,
fand einen Weinstock, der voll schwarzer Trauben
an einer hohen Mauer hing.
Sie schienen ihm ein köstlich Ding,
allein beschwerlich abzuklauben.
Er schlich umher, den nächsten Zugang auszuspähn.
Umsonst! Kein Sprung war abzusehn.
Sich selbst nicht vor dem Trupp der Vögel zu beschämen,
der auf den Bäumen saß, kehrt er sich um und spricht
und zieht dabei verächtlich das Gesicht:
„Was soll ich mir die Mühe nehmen?
Sie sind ja herb und taugen nicht."

Mit welchen beiden Details verändert La Fontaine die Vorlage?

b Lessing, Die Traube

Ich kenne einen Dichter, dem die schreiende Bewunderung seiner kleinen Nachahmer weit mehr geschadet hat als die neidische Verachtung seiner Kunstrichter.

„Sie ist ja doch sauer!“ sagte der Fuchs von der Traube, nach der er lange genug vergebens gesprungen war. Das hörte ein Sperling und sprach: „Sauer sollte diese Traube sein? Darnach sieht sie mir doch nicht aus!“ Er flog hin und kostete und fand sie ungemein süß und rief hundert näschige Brüder herbei. „Kostet doch!“ schrie er, „kostet doch! Diese treffliche Traube schalt der Fuchs sauer.“ Sie kosteten alle, und in wenig Augenblicken ward die Traube so zugerichtet, dass nie ein Fuchs wieder darnach sprang.

Was übernimmt Lessing von La Fontaine und worin kehrt er zu Phaedrus zurück? Wer ist bei ihm die „Hauptperson“? Was symbolisiert sie?

29 text

Phaedrus
4,10

De vitiis hominum – Die Fehler der Menschen

Perás[1] impósuit Iúppitér nobís duás:
Propriís replétam[2] vítiis póst[3] tergúm[4] dedít,
aliénis[5] ánte péctus súspendít[6] gravém.
Hac ré vidére nóstra mála non póssumús,
alií simúl delínquunt[7], cénsorés[8] sumús.

1 **1 pera**: Sack, peras … duas: statt bisaccium = Doppelsack, der in der Mitte abgebunden und über die Schulter gehängt wurde **2 repleo** 2: anfüllen **3 post**: hinten auf … **4 tergum**: Rücken **5 alienis** sc. vitiis, zu gravem **6 suspendo** 3: (auf)hängen
5 **7 delinquo** 3: einen Fehler machen **8 censor**: (strenger) Richter

29 kommentar

Phaedrus
4,3

Vgl. Matthäus 7, 3: „Warum siehst du den Splitter im Auge deines Bruders, aber den Balken in deinem Auge bemerkst du nicht?“

29 vertiefung

Wie viele Fabeln ist auch diese von Antithesen (➤ Anhang 2, S. 119) bestimmt. Um welche handelt es sich? Welche wird durch die Stellung unterstrichen?

30 text

Phaedrus
4,24

Mons parturiens – Der kreißende Berg

Mons párturíbat[1] gémitus[2] ímmanés[3] ciéns[4],
erátque in térris máxima éxspectátió.
At ílle múrem[5] péperit. Hóc scriptúm est tibí,
qui, mágna cúm mináris, éxtricás[6] nihíl.

1 parturio 4: gebären wollen **2 gemitus**, -us: Klagen, Seufzen **3 immanis**: gewaltig **4 cieo** 2: hervorbringen **5 mus**, muris: Maus **6 extrico** 1: herauswickeln, h. ausrichten

30 Kommentar

Phaedrus
4,24

Das Motiv ist zwar nicht in der Sammlung Äsops, aber beim griech. Autor Athenaios (um 200 n. Chr.) belegt und dürfte schon früh sprichwörtlich gewesen sein. Horaz verspottet („*Ars poetica*“ 139) einen Möchtegern-Poeten, der großsprecherisch seine Werke ankündigte, mit dem Hexameter: *Párturiént montés, nascétur rídiculús mus.*

30 Vertiefung

1. Welche vorher genannten Wörter stehen zu *murem* in Antithese (➤ Anhang 2, S. 119)?
2. Nenne sinnverwandte sprichwörtliche Wendungen (eine ist der Titel einer Komödie Shakespeares).

31 Text

Phaedrus
5,5

Scurra et rusticus – Der Possenreißer und der Bauer

Pravó favóre[1] lábi[2] mórtalés solént
et, pró[3] iudício[4] dúm stant érrorís suí,
ad páeniténdum[5] rébus[6] mánifestís agí.
Factúrus lúdos[7] quídam díves nóbilís
propósito[8] cúnctos ínvitávit práemió,
quam[9] quísque pósset, út novitátem osténderét.
Venére[10] artífices láudis[11] ád certáminá;
quos ínter[12] scúrra nótus úrbanó salé[13]
habére díxit sé genús spectáculí,
quod in theátro númquam prólatúm[14] forét[15].
Dispérsus rúmor cívitátem cóncitát.
Paulo ánte[16] vácua túrbam déficiúnt[17] locá[18].
In scáena véro póstquam sólus cónstitít,
sine ápparátu[19], núllis ádiutóribús,
siléntium ípsa fécit éxspectátió.
Ille ín sinúm[20] repénte[21] démisít capút
et síc porcélli[22] vócem est ímitatús suá[23],
verum[24] út subésse pállió[25] conténderént[26]
et éxcutí[27] iubérent. Quó factó simúl
nihil ést repértum, múltis ónerant[28] láudibús

1 **1 pravus favor**: verkehrte Begünstigung = Vorurteil **2 labor** 3: ausgleiten, h. sich täuschen lassen **3 pro ... stare**: zu etw. stehen, bei etw. verharren **4 iudicium ... erroris** (gen. explicativus): Vorurteil **5 ad paenitendum**: zur Einsicht **6 res**: Tatsache **7 ludi**: mehrtägige Schauspielaufführungen, bei denen man scurrae (➤ K) für die Pausenunterhaltung engagierte
5 **8 propono** 3: (eine Belohnung) aussetzen **9 quam**: relativ zu novitatem **10 venere** = venerunt **11 laus**: Ruhm (etwas Neues geboten zu haben), zu certamina **12 quos inter** = inter quos **13 sal** Salz, h. Witz, Humor
10 **14 profero**: darbieten **15 foret** = esset **16 ante** (adv.): zu vacua **17 turbam deficiunt**: gehen der Menge aus **18 loca**, -orum: Sitzplätze **19 apparatus**: Gerät
15 **20 sinus**, -us: Gewandbausch **21 repente**: plötzlich **22 porcellus**: Ferkel **23 sua** sc. voce **24 verum** sc. porcellum **25 pallium**: Mantel **26 contendo** 3: behaupten, überzeugt sein **27 excutio** 3M: herausschütteln
20 **28 onero** 1: überhäufen

hominémque pláusu[29] prósequúntur[30] máximó.
Hoc vídit fíeri rústicus. „Nón mehérculé
me víncet“, ínquit ét statím proféssus ést
idém factúrum mélius sé postrídié[31].
Fit túrba máior. Iám favór[32] mentés tenét
et dérisúri[33], nón spectáturí sedént.
Utérque pródit. Scúrra dégrunnít[34] priór
movétque pláusus ét clamóres súscitát[35].
Tunc símulans sése[36] véstiméntis rústicús
porcéllum obtégere, (quód faciébat scílicét,
sed, ín prióre[37] quía nil cómpererán t[38], laténs[39])
pervéllit[40] áurem véro[41], quém celáverát[42],
et cúm dolóre vócem náturae éxprimít.
Acclámat pópulus scúrram múlto símiliús
imitátum[43] et cógit rústicúm trudí[44] forás[45].
At ílle prófert ípsum pórcellum é sinú
turpémque apérto pígnore[46] érrorém probáns[47]:
„En[48] híc declárat, quáles sítis iúdicés.“

29 plausus: Applaus **30 prosequor** 3: hinaus geleiten **31 postridie**: am nächsten Tag

32 favor: näml. für den scurra **33 derideo** 2: auslachen **34 degrunnio** 4: etwas vorgrunzen (witzige Wortprägung analog zu declamare) **35 suscito** 1: erregen **36 sese ... obtegere**: AcI zu simulans

37 in priore: beim Vorigen (also beim scurra) **38 comperio** 4: h. sehen **39 lateo** 2: verborgen sein, sc. eos: ohne dass sie es merkten **40 pervello** 3: zupfen, an etw. ziehen **41 vero** sc. porcello **42 celo** 1: verbergen

43 imitatum sc. esse **44 trudo** 3: stoßen, h. jagen **45 foras**: hinaus **46 pignus**, -oris n.: Beweisstück **47 probo** 1: h. (auf)zeigen **48 en**: sieh da!

Phaedrus 5,5

31 Kommentar

Die Fabel ist in der äsopischen Sammlung nicht enthalten und ein charakteristisches Beispiel für die zunehmende Unabhängigkeit des Phaedrus von griechischen Vorlagen.

4 dives nobilis: Reiche Bürger von Landstädten und ebenso die für die Spiele verantwortlichen Ädilen von Rom erhöhten den aus öffentlichen Mitteln bereitgestellten Betrag aus ihrem Privatvermögen.

8 scurra: Professionelle Spaßmacher (Vorläufer der Hofnarren) sind schon im 1. Jh. v. Chr. bezeugt. Reiche engagierten sie zur Unterhaltung ihrer Gäste und nahmen sie auch auf Reisen mit. Noch im vorigen Jahrhundert traten solche *scurrae* in Italien auf. Ein eindrucksvolles Beispiel dafür gibt Federico Fellini in seinem berühmten Film „La strada“ (1954). – Das Wort „skurril“ wurde im 18. Jh. aus dem Italienischen entlehnt.

31 Vertiefung

1. Zeige die typischen Aufbauelemente.
2. Welche anderen Titel könnte man dem Text geben?
3. Wo steht die überraschende Pointe? Durch welche Worte des *rusticus* wird der Leser auf eine falsche Spur gelenkt, womit die Überraschung aufgeschoben wird?

Teil VI

(T.?) PETRONIUS ARBITER (bis 66 n. Chr.)

Petronius war *arbiter elegantiarum* (Sachverständiger in Geschmacksfragen, Zeremonienmeister) am Hof Neros. Von einem Rivalen wurde er der Teilnahme an einer Verschwörung gegen Nero beschuldigt und entzog sich 66 n.Chr. der drohenden Anklage durch Selbstmord, den der Historiker Tacitus in seinen Annalen (16,18 f.) eindrucksvoll schildert.

Sein nur fragmentarisch erhaltenes Werk ***„Satyricon"***, teils in Prosa, teils in Versen, parodiert zugleich die „Odyssee", die erotischen Abenteuerromane und die Gesellschaft seiner Zeit, letztere besonders in der *„Cena Trimalchionis"*, der Schilderung eines Gastmahls des neureichen, protzigen Trimalchio. Ein weiteres berühmtes Stück ist die satirische Novelle von der **„Witwe von Ephesos"**:

32 text

Petron,
Satyricon 111–113

Die Witwe von Ephesos

Matrona quaedam Ephesi tam notae erat pudicitiae[1], ut vicinarum quoque gentium[2] feminas ad spectaculum[3] sui evocaret[4]. Haec ergo, cum virum extulisset[5], non contenta[6] vulgari[7] more funus passis[8] prosequi crinibus aut nudatum pectus in conspectu frequentiae[9] plangere[10], in conditorium[11] etiam prosecuta est defunctum[12] positumque hypogaeo[13] Graeco more corpus custodire ac flere totis noctibus diebusque coepit.

Sic afflictantem[14] se ac mortem inedia[15] persequentem non parentes potuerunt abducere, non propinqui; magistratus ultimo[16] repulsi abierunt, comploratque[17] singularis exempli[18] femina ab omnibus quintum iam diem sine alimento trahebat. Assidebat[19] aegrae fidissima ancilla simulque et lacrimas commodabat[20] lugenti[21] et, quotienscumque defecerat positum in monumento lumen, renovabat.

Una igitur in tota civitate fabula erat, solum illud affulsisse[22] verum pudicitiae amorisque exemplum omnis ordinis homines confitebantur, cum interim imperator[23] provinciae latrones iussit crucibus

1 pudicitia: Sittenstrenge **2 gens**: h. Gemeinde **3 spectaculum**: Anschauen **4 evoco** 1: veranlassen **5 effero**: h. zu Grabe tragen

6 contentus: zufrieden **7 vulgaris**: üblich **8 pando** 3 pandi passus: ausbreiten, auflösen **9 frequentia**: Menge **10 plango** 3: schlagen, plangere: histor. Inf. **11 conditorium**: Gruft **12 defungor** sc. vita: sterben **13 hypogaeum**: unterirdisches Gemach, Gruft

14 afflicto 1: peinigen **15 in-edia**: Fasten

16 ultimo (adv.): zuletzt **17 comploro** 1: bemitleiden **18 exemplum**: beispielhafte Haltung **19 assideo** 2 (+ dat.): bei jem. sitzen **20 commodo** 1: leihen

21 lugeo 2: trauern **22 affulgeo** 2: aufleuchten

23 imperator: Statthalter

affigi secundum[24] illam casulam, in qua recens cadaver matrona deflebat. Proxima ergo nocte, cum miles, qui cruces asservabat[25], ne quis ad sepulturam corpus detraheret, notasset lumen inter monumenta clarius fulgens[26] et gemitum lugentis audisset, vitio[27] gentis humanae concupiit[28] scire, quis aut quid faceret. Descendit igitur in conditorium visaque pulcherrima muliere primo[29] quasi quodam monstro infernisque imaginibus turbatus[30] substitit[31]. Deinde ut et corpus iacentis conspexit et lacrimas consideravit[32] faciemque unguibus sectam, ratus scilicet id, quod erat, desiderium extincti non posse feminam pati, attulit in monumentum cenulam[33] suam coepitque hortari lugentem, ne perseveraret in dolore supervacuo[34] ac nihil profuturo gemitu pectus diduceret[35]: Omnium eundem esse exitum et idem domicilium, et cetera, quibus exulceratae[36] mentes ad sanitatem revocantur. At illa ignota[37] consolatione[38] percussa[39] laceravit[40] vehementius pectus ruptosque[41] crines super corpus iacentis imposuit.

Non recessit tamen miles, sed eadem exhortatione[42] temptavit dare mulierculae cibum, donec ancilla vini nectareo[43] odore corrupta[44] primum ipsa porrexit ad humanitatem[45] invitantis victam manum, deinde refecta potione[46] et cibo expugnare dominae pertinaciam[47] coepit et: „Quid proderit“, inquit, „hoc tibi, si soluta inedia fueris, si te vivam sepelieris, si, antequam fata poscant, indemnatum[48] spiritum effuderis?

„Íd cinerem[49] áut Manés[50] credís sentíre sepúltos?“

Vis tu reviviscere? Vis discusso[51] muliebri errore, quamdiu licuerit, lucis commodis frui? Ipsum te iacentis corpus admonere debet, ut vivas.“ Nemo invitus audit, cum cogitur aut cibum sumere aut vivere. Itaque mulier aliquot dierum abstinentia sicca[52] passa est frangi pertinaciam suam

24 secundum (+ acc.): neben

25 asservo 1: bewachen **26 fulgeo** 2: leuchten **27 vitium**: Fehler, Schwäche **28 concupisco** 3 concupi(v)i: unbedingt wollen

29 primo (adv.): zunächst **30 turbo** 1: verwirren **31 subsisto** 3 substiti: stehen bleiben **32 considero** 1: nachdenklich betrachten

33 cenula: bescheidener Proviant

34 supervacuus: überflüssig **35 diduco** 3: zerreißen, quälen **36 exulcero** 1: h. betrüben **37 ignotus**: ahnungslos **38 consolatio**: Tröstung

39 percutio 3: erschüttern **40 lacero** 1: zerfleischen, h. zerkratzen **41 rumpo** 3: h. auflösen **42 exhortatio**: Ermunterung

43 nectareus: nektargleich **44 corrumpo** 3: h. verführen **45 humanitas**: h. freundliche Gabe (abstractum pro concreto) **46 potio**: Trunk **47 pertinacia**: Hartnäckigkeit

48 indemnatus: nicht dazu verurteilt **49 cinis**, -eris m.: Asche **50 Manes**: Seelen der Verstorbenen

51 discutio 3M: abschütteln, aufgeben

52 siccus: trocken

nec minus avide replevit se cibo quam ancilla, quae prior victa est.

Ceterum scitis, quid plerumque soleat temptare[53] humanam satietatem[54]. Quibus blanditiis[55] impetraverat miles, ut matrona vellet vivere, isdem etiam pudicitiam eius aggressus est. Nec deformis aut infacundus[56] iuvenis castae videbatur conciliante[57] gratiam ancilla ac subinde[58] dicente:

„Placitóne[59] etiám pugnábis amóri,
néc venit ín mentém, quorúm[60] consèderis árvis[61]?“

Quid diutius moror? Ne hanc quidem partem corporis mulier abstinuit, victorque miles utrumque persuasit. Iacuerunt ergo una[62] non tantum illa nocte, qua nuptias fecerunt, sed postero etiam ac tertio die praeclusis videlicet[63] conditorii foribus[64], ut, quisquis ex notis ignotisque ad monumentum venisset, putaret expirasse[65] super corpus viri pudicissimam uxorem. Ceterum delectatus miles et forma mulieris et secreto[66], quicquid boni[67] per facultates poterat, coëmebat[68] et prima statim nocte in monumentum ferebat.

Itaque unius cruciati[69] parentes ut viderunt laxatam[70] custodiam, detraxere nocte pendentem supremoque mandaverunt[71] officio. At miles circumscriptus[72] dum desidet[73], ut postero die vidit unam sine cadavere crucem, veritus supplicium mulieri, quid accidisset, exponit nec se expectaturum iudicis sententiam[74], sed gladio ius dicturum ignaviae[75] suae. Commodaret[76] ergo illa perituro[77] locum et fatale conditorium familiari[78] ac viro faceret[79]. Mulier non minus misericors[80] quam pudica: „Ne istud“, inquit,“dii sinant, ut eodem tempore duorum mihi carissimorum hominum duo funera spectem! Malo mortuum impendere[81] quam vivum occidere.“ Secundum hanc orationem ex arca[82] corpus mariti sui tolli iussit atque illi, quae vacabat, cruci affigi. Usus est mi-

53 tempto 1: befallen **54 humanam satietatem**: „menschliche Sattheit“ = den Menschen, wenn er satt ist **55 blanditia**: Schmeichelei **56 infacundus**: unberedt

57 concilio 1: vermitteln, stiften **58 subinde**: immer wieder

59 placitus (med.): was einem gefällt: placito ... amori: gegen eine Liebe, die (dir) gefällt (Dativ bei pugnare ein Gräzismus) **60 quorum**: näml. mortuorum **61 arvum**: Flur, Gegend

62 una (adv.): bei einander **63 videlicet**: natürlich, selbstverständlich

64 foris, -is: Tür(flügel) **65 expiro** 1: aushauchen, sc. vitam **66 secretum**: Heimlichkeit **67 boni**: an Gutem (zu essen)

68 coëmo 3: zusammenkaufen **69 cruciatus**: Gekreuzigter **70 laxo** 1: lockern

71 mandare supremo officio: bestatten (wörtl.?) **72 circumscriptus**: erwähnt **73 desideo** 2: müßig dasitzen, seine Pflicht vergessen

74 sententia: (Richt-)Spruch **75 ignavia**: Nachlässigkeit **76 commodo** 1: zur Verfügung stellen **77 perituro**: vgl. *Ave, Caesar, morituri te salutant* **78 familiaris**: h. Geliebter **79 faceret** sc. sepulcrum **80 miseri-cors**: mitleidig

81 impendo 3: aufhängen

82 arca: Truhe, Sarg

les ingenio[83] prudentissimae feminae, posteroque die populus miratus est, qua ratione[84] mortuus isset in crucem.

83 ingenium: Einfall **84 qua ratione** = quomodo

32 Kommentar

Petron, Satyricon 111–113

64 Id cinerem ... und **82 Placitone ...** sind Verse (34, 38 f.) aus dem 4. Buch von Vergils *„Aeneis"*: Anna will ihre Schwester Dido dazu überreden, ihrem ermordeten Gemahl Sychaeus nicht länger nachzutrauern und ihrer Liebe zu Aeneas nachzugeben. Mit den Zitaten beweist der Erzähler seine literarische Bildung.

Der Erzähler enthält sich jeder moralischen Wertung; sie äußert sich aber bei Petron in der Entrüstung der Zuhörer über die pietätlose Verwendung des Leichnams.

Die Geschichte findet sich auch in der ***„Appendix Perottina"*** (15, ➤ S. 30 zu Phaedrus), mit einigen Abweichungen: Einer der Wachposten bittet die Dienerin um Wasser und sieht die Witwe:

Es lugte durch den Spalt der Türe der Soldat
und sah ein Weib, zwar trauernd, aber herrlich schön.
Sogleich ergreift´s und setzt in Flammen seinen Sinn ...
Drum findigreich ersinnt er tausend Gründe sich,
um öfter noch die Witwe zu besuchen, die
tagaus tagein bereits daran gewöhnt, beginnt
entgegenkommender allmählich sich zu zeigen,
bald binden stärkere Bande auch ihr Herz. Als so
der treue Posten jede Nacht verbringt, da fehlt
an einem Kreuz auf einmal eine Leiche ... *(Übers. v. H. Schnur)*

Im letzten Vers (31) wird ein moralisches Urteil gesprochen:

Sic túrpitúdo láudis óbsedít locúm
(So trat Schändlichkeit an die Stelle ehrenhafter Haltung.)

Die Geschichte hat zahllose Rezeptionen erfahren: in mittelalterlichen Fabelsammlungen, in der Neuzeit bei La Fontaine (1682), in einem russischen Märchen, einem Märchen der Brüder Grimm („Die Hochzeit der Frau Füchsin") und in vielen dramatisierten Fassungen vom 17. bis zum 20. Jh., darunter der von Anton Tschechov („Der Bär", 1888) und Christopher Fry („A Phoenix too Frequent", 1951). Eine chinesische (!) Fassung dramatisierte W. Schede („Der Witwenfächer", 1953).

32 Vertiefung

1 Woran zeigt sich, dass Petron keine romantische Liebesgeschichte, sondern eine ironische Satire schreiben wollte? Was würde z. B. den Leser einer Liebesgeschichte interessieren?

2 Erscheint dir die Geschichte psychologisch glaubwürdig?

3 Petron könnte die Fabel des Phaedrus (➤ K) gekannt haben. Welche andere Möglichkeit ist in Betracht zu ziehen? Welche Fassung scheint dir die ursprüngliche zu sein?

4 Welches Motiv in Petrons Darstellung fehlt in der Fabel?

Teil VII

M. VALERIUS MARTIALIS (ca. 40–102 n. Chr.)

Martial wurde in Nordspanien geboren und kam 64 nach Rom, gewann hier die Gunst vornehmer Männer und – mit zahlreichen Bettelgedichten und Schmeicheleien – auch die der Flavier-Kaiser Titus und Domitian, sodass er ein Leben ohne materielle Not führen konnte. Nach der Ermordung des tyrannischen Domitian (96) versuchte er noch, die Gunst seines Nachfolgers Nerva zu gewinnen, kehrte aber (98) in seine Heimat zurück.

Er schrieb ausschließlich **Epigramme**, wie Catull in elegischen Disticha (erkennbar an den eingerückten Versanfängen), phaläceischen Elfsilbern (➤ zu Catull S. 19, Versanfänge in gleicher Höhe) und Hinkjamben (fünf Jamben und ein Trochaeus), im Umfang zwischen zwei und 56 Versen. Auf ein Buch mit Impressionen aus dem *Amphitheatrum Flavium* (= „Kolosseum") folgen zwei mit Begleitgedichten zu Gastgeschenken und **12 Bücher aus den Jahren 85–102** mit überwiegend zeitkritischem Inhalt, also **Jamben** im Sinn der literarischen Gattung. (Daneben stehen vereinzelt Gedichte voller Lebensweisheit und humaner Gesinnung.) Martial ist ein Meister des Wortspiels, der wirkungsvollen Antithese, der Prägnanz und der überraschenden Pointe. Mit einem wahren Panoptikum von Figuren und Typen (die Namen der Spottepigramme sind fingiert: es geht ihm also nicht um persönlichen Angriff) prangert er menschliche Schwächen, Zeiterscheinungen und Modetorheiten an. Wie sein jüngerer Zeitgenosse, der große Historiker Tacitus, ahnte er wohl, dass die Gesellschaft, die er in oft so grellen Farben malt, ihrem Untergang entgegenging.

Martial blieb allen späteren Epigrammdichtern von der Spätantike bis in die Neuzeit Vorbild. **Lessing** bekennt sich in seinen „Zerstreuten Anmerkungen über das Epigramm" (1771) zu ihm und schreibt Epigramme in seinem Stil und zum Teil mit seinen Motiven. **Goethe** und **Schiller** bezeichnen ihn in den „Xenien" („Gastgeschenke" mit literarischer Polemik, 1797) als ihren Vorgänger. Im 19. Jh. schrieben u. a. Eichendorff und Mörike, im 20. Jh. Morgenstern, Ringelnatz und Kästner Epigramme.

33 text

Martial
1,10

Versmaß: Hinkjamben

Erstaunliche Brautwerbung

Petít Geméllus núptiás Marónillae
et cupit et instat et precatur[1] et donat.
Adeone[2] pulchra est? Immo[3] foedius[4] nil est.
Quid ergo in illa petitur et placet? Tussit[5].

1 precor 1: bitten **2 adeo**: gar so; die Frage stellt ein fiktiver Gesprächspartner
3 immo: im Gegenteil **4 foedus**: hässlich
5 tussio 4: husten

■ **Vertiefung**

1 Welche Figur drückt das ungeduldige Drängen des Freiers aus?
2 Die Pointe liegt (wie auch häufig bei Witzen) im Unausgespochenen. Was wird nicht gesagt?
3 Welchen anderen Schluss könnte man erwarten?

34 text

Martial 1,28

Acerra trinkt

Hesterno[1] fetere[2] mero[3] qui credit Acerram,
fallitur[4]: In lucem[5] semper Acerra bibit.

1 hesternus: gestrig **2 feteo** 2: stinken **3 merum**: reiner (nicht mit Wasser gemischter) Wein **4 fallo** 3: täuschen, fallitur: med. **5 in lucem**: bis zum Morgen

■ **Vertiefung**
Welche weniger bissige Pointe, die man erwarten könnte, wird überboten?

Abb. 9: Die trunkene Alte *(3. Jh. v. Chr.; Rom, Kapitolinisches Museum)*

35 text

Martial 1,32

Abneigung gegen Sabidius

Non amo te, Sabidi, nec possum dicere, quare:
Hoc tantum[1] possum dicere: Non amo te.

1 tantum: nur

■ **Vertiefung**
1 Welche Wiederholungsfigur (➤ Anhang 2, S. 118 f.) gibt dem Epigramm seine Pointe?
2 Was geht in **Lessings** Version zusätzlich verloren?
Ich hasse dich, Sabin; doch weiß ich nicht, weswegen.
Genug, ich hasse dich. Am Grund ist nichts gelegen.

36 text

Martial 1,33

Die trauernde Gellia

Amissum non flet, cum sola est, Gellia patrem.
Si quis adest, iussae prosiliunt[1] lacrimae.
Non luget[2], quisquis laudari, Gellia, quaerit:
Ille dolet vere, qui sine teste[3] dolet.

1 pro-silio 4: „hervorspringen“ = ?
2 lugeo 2: trauern
3 testis: Zeuge

■ **Vertiefung**
Nenne die vier Antithesen ➤ Anhang 2, S. 119) des Epigramms. Wie sind sie angeordnet?

37 text

Martial 1,47

Der Arzt Diaulus

Nuper erat medicus, nunc est vispillo[1] Diaulus:
Quod vispillo facit, fecerat et[2] medicus.

1 vispillo: Leichenträger
2 et = etiam

Kommentar

Da es bis etwa 200 n. Chr. keine Prüfungen für die Ausübung des ärztlichen Berufs gab, „drängten sich viele Unberufene, besonders aus den unteren Ständen, zur Ausübung der Kunst, die im Fall des Gelingens sehr einträglich war. Schuster, Zimmerleute, Färber, Schmiede gaben ihr Handwerk auf und wurden Ärzte; wie denn wohl auch Ärzte, denen es nicht glückte, das Leichenträger- oder Gladiatorenhandwerk ergriffen" (L. Friedländer, Darstellungen aus der Sittengeschichte Roms).

Vertiefung

1 Mit welchem deutschen Wort könnte man *vispillo* wiedergeben, um die Pointe (eigentliche und metaphorische Verwendung desselben Wortes) in die Übersetzung zu bringen?
2 Welche syntaktische Figur zeigt der Hexameter, welche der Pentameter?
3 Zum Vergleich:

a Giorgio Anselmi (um 1500), ***„De Sosylo medico"***

De lanio[1] medicus fit Sosylus; haud nova res est:
Fecit enim lanius, quod facit et medicus.

1 lanius: Fleischhauer

b Lessing, 122. Sinngedicht

Klystill, der Arzt – der Mörder sollt' ich sagen -
will niemands frühern Tod mehr auf der Seele tragen,
und giebt, aus frommer Reu, sich zum Husaren an,
um das nie mehr zu tun, was er so oft gethan.

Welches Rezeptionsbeispiel entspricht den Gesetzen des Epigramms mehr?

38 text

Martial 1,57

Was für ein Mädchen?

Qualem, Flacce, velim, quaeris, nolimve puellam?
Nolo nimis facilem[1] difficilemque nimis.
Illud, quod medium est atque inter utrumque, probamus[2]:
nec volo, quod cruciat, nec volo, quod satiat[3].

1 facilis: leicht zu haben
2 probo 1: gutheißen
3 satio 1: h. übersättigen

Vertiefung

1 Was lässt sich über die Wörter an den Versrändern sagen?
2 Worin liegt die überraschende Pointe?

39 text

Martial 1,62

Der Badeaufenthalt der Laevina in Baiae

Casta nec antiquis cedens[1] Laevina Sabinis[2]
  et quamvis[3] tetrico[4] tristior[5] ipsa viro,
dum modo Lucrino[6], modo se permittit Averno[7]
  et dum Baianis[8] saepe fovetur[9] aquis,
incidit in flammas iuvenemque secuta relicto
  coniuge Penelope[10] venit, abit Helene[11].

1 **1 cedo** 3: nachstehen **2 Sabini**: Die Sabiner waren für ihre Sittenstrenge bekannt **3 quamvis**: schon genügend (konzessiv zu tetrico) **4 tetricus**: sittenstreng **5 tristis**: ernst **6 Lucrino** sc. lacu: Lukrinersee: ein Kratersee bei Neapel **7 Averno** sc. lacui **8 Baianus**: Adj. zu Baiae: ein mondänes Thermalbad bei Neapel **9 foveo** 2: wärmen
5 **10 Penelope** (prädikativ): als P.: die Frau des Odysseus, Urbild ehelicher Treue **11 Helene**: Frau des Menelaos, fuhr mit Paris nach Troja; Urbild ehelicher Untreue

Vertiefung

1. Welche Vorstellung wird in V. 3 mit *se permittit* und den beiden Namen suggeriert?
2. Welche Sinnfigur (➤ Anhang 2, S. 119 f.) entsteht in V. 4 f. durch die Aufeinanderfolge von *fovetur aquis* und *incidit in flammas*?
3. Welche syntaktische Figur (➤ Anhang 2, S. 119) unterstreicht die Schlusspointe in V. 6?

40 text

Martial 1,71

Der Dichter trinkt auf Laevia, Iustina, Lycas, Lyde und Ida

Laevia sex cyathis[1], septem Iustina bibatur[2],
  quinque Lycas, Lyde quattuor, Ida tribus.
Omnis ab infuso numeretur[3] amica Falerno[4],
  et quia nulla venit, tu mihi, Somne[5], veni!

1 cyathus: Becher **2 bibo** 3: h. mit einem Trunk ehren **3 numero** 1. mit einer Zahl versehen **4 Falerno** sc. vino Falernerwein (ein besonders kostbarer Wein) **5 Somnus**: der Gott des Schlafs

Kommentar

2 **bibatur** parodiert eine Götteranrufung. 4 **Somnus** wird sonst in erotischen Situationen weggeschickt.

Vertiefung

1. Welcher Zusammenhang besteht zwischen der Zahl der Becher und den Mädchennamen?
2. Welche Erwartung wird zunächst durch die Aufzählung der Becher geweckt?

41 text

Martial 1,73

Caecilianus und seine Frau

Nullus in urbe fuit tota, qui tangere vellet
  uxorem gratis[1] , Caeciliane, tuam,
dum licuit. Sed nunc positis custodibus ingens
  turba fututorum[2] est: Ingeniosus[3] homo es.

1 gratis = gratiis: für den bloßen Dank, umsonst
2 fututor: Liebhaber
3 ingeniosus: erfinderisch

42 text

Martial 1,75

Wenn Linus Geld will

Dimidium[1] donare Lino quam credere[2] totum
qui mavolt, mavolt perdere dimidium.

1 dimidium: Hälfte **2 credo** 3: als Kredit geben

■ **Vertiefung**

Zeige, wie das Paradoxon (➤ Anhang 2, S. 120) durch die Wortstellung unterstrichen wird.

43 text

Martial 1,109

Publius und seine Issa

Issa est passere nequior[1] Catulli,
Issa est purior osculo[2] columbae[3],
Issa est blandior[4] omnibus puellis,
Issa est carior Indicis lapillis,
Issa est deliciae[5] catella[6] Publi.
Hanc tu, si queritur, loqui putabis;
sentit tristitiamque gaudiumque.
Collo[7] nixa[8] cubat capitque somnos,
ut suspiria[9] nulla sentiantur;
et desiderio[10] coacta ventris[11]
gutta[12] pallia[13] non fefellit[14] ulla,
sed blando pede suscitat[15] toroque[16]
deponi monet et rogat levari[17].
Castae tantus inest pudor catellae,
ignorat Venerem, nec invenimus
dignum[18] tam tenera virum puella.
Hanc ne lux[19] rapiat suprema totam,
picta Publius exprimit[20] tabella[21],
in qua tam similem videbis Issam,
ut sit tam similis sibi nec ipsa.
Issam denique pone cum tabella:
Aut utramque putabis esse veram
aut utramque putabis esse pictam.

1 **1 nequior**: verspielter (vom Adv. nequam) **2 osculum**: h. Schnäbelchen **3 columba**: Taube **4 blandus**: schmeichelnd

5 **5 deliciae**, -arum: Freude, Vergnügen **6 catella**: junge Hündin **7 collum**: Hals, collo sc. suo **8 nitor** 3, nixus sum (+ abl.): sich stützen auf **9 suspirium**: Seufzer

10 **10 desiderium**: Bedürfnis **11 venter**, ventris: Bauch **12 gutta**: Tropfen (gutta … ulla: abl. instr.) **13 pallium**: h. Bettdecke **14 fallo** 3: h. (heimlich) beflecken **15 suscito** 1 sc. Publium: aufwecken **16 torus**: Bett **17 levo** 1: aufheben

15 **18 dignus** (+ abl.): würdig (+ gen.) **19 lux … suprema**: letzter Tag **20 exprimo** 3: h. darstellen **21 tabella**: kleines Bild

■ **Kommentar**

Der Name **Issa** soll mit *issa*, der umgangssprachlichen Form von *ipsa* assoziiert werden (vgl. ital. essa), womit Sklaven die Herrin und Elegiendichter die Geliebte bezeichneten. **1 passere … Catulli**: Anspielung auf ein Gedicht Catulls (c. 3), in dem dieser den Tod des Lieblingsvogels (Blaudrossel) seiner Geliebten beklagt. **1–5** Die Anapher (➤ Anhang 2, S. 118) entspricht dem Stil eines Götterhymnus, der hier parodiert wird.

■ **Vertiefung**

1 Wo wird die mit dem Namen Issa geweckte Erwartung enttäuscht?
2 Worin zeigt sich die Ironie des Gedichts?
3 Inwiefern entspricht in den Versen 22 f. die Form dem Inhalt?

44 text

Martial
2,7

Atticus, ein Universalgenie?

Declamas[1] belle[2], causas[3] agis, Attice belle,
historias bellas, carmina bella facis,
componis belle mimos[4], epigrammata belle,
bellus grammaticus, bellus es astrologus,
et belle cantas et saltas, Attice, belle,
bellus es arte lyrae, bellus es arte pilae[5].
Nil bene cum facias, facias[6] tamen omnia belle,
vis[7] dicam, quid sis? Magnus es ardalio[8].

1 **1 declamo** 1: Reden halten **2 bellus**: hübsch, fein, artig **3 causas agere**: Prozesse führen **4 mimus**: volkstümliche Komödie ➤ K

5 **5 pila**: Ball(spiel) ➤ K **6 facias**: der Konjunktiv, weil der cum-Satz weitergeht **7 vis dicam**: willst du, dass… **8 ardalio**: „Gschaftlhuber“

■ **Kommentar**

3 Der **Mimus** war eine volkstümliche griechisch-sizilische Komödie, ohne Masken, erstmals auch mit Schauspielerinnen, in Rom seit dem 1. Jh. v. Chr. sehr beliebt. 6 **pilae**: Gemeint ist das „Dreieckspiel" (*trigon*), ein Ballspiel mit drei im Dreieck stehenden Spielern.

■ **Vertiefung**

1 Worin liegt die Schwierigkeit bei der Übersetzung dieses an sich leichten Gedichtes?
2 Wo wird der spöttische Unterton besonders deutlich?

45 text

Martial
2,11

Versmaß: Hinkjamben

Der unglückliche Selius

Quod[1] frónte Sélium núbilá[2] vidés, Rúfe[3],
quod ambulator[4] porticum[5] terit[6] seram[7],
lugubre[8] quiddam quod tacet piger[9] voltus,
quod paene terram nasus indecens tangit,
quod dextra pectus pulsat et comam vellit[10]:
non ille amici fata luget[11] aut fratris,
uterque natus vivit et precor[12] vivat,
salva est et uxor sarcinaeque[13] servique,
nihil colonus[14] vilicusque[15] decoxit[16].
Maeroris[17] igitur causa quae? Domi cenat.

1 **1 quod**: dass: als Hauptsatz ist nach V. 5 zu denken: „… hat welchen Grund?“ **2 nubilus**: bewölkt, finster **3 Rufe** ➤ K **4 ambulator**: Spaziergänger, prädikativ: „er als …“ **5 porticum**: kollektiver Singular **6 tero** 3: reiben, h. durchstreifen **7 seram**: zu später Stunde (zu porticum, statt eines Adv.) **8 lugubris**, -e: traurig **9 piger**: verdrossen

5 **10 vello** 3: (das Haar) raufen **11 lugeo** 2: betrauern **12 precor** 1: bitten (mit nicht eingeleitetem Begehrsatz) **13 sarcina**: Gepäck, h. Habseligkeiten **14 colonus**: Pächter **15 vilicus**: Verwalter **16 decoquo** 3: abwirtschaften

10 **17 maeror**: Trauer

■ **Kommentar**

Der „Parasit“ (Mitesser) ist eine stehende Figur der griechischen und römischen Komödie.

1 **Rufe**: Jedes antike Gedicht ist eine Anrede; gelegentlich hat, wie hier, der Angeredete keinen für uns

erkennbaren Bezug zum Inhalt des Gedichtes. **5 pulsat ... vellit**: Beides war bei Begräbnissen üblich. **10 domi cenat**: Er muss zuhause speisen, weil er keine Einladung zu einer Mahlzeit ergattern konnte.

■ **Vertiefung**

1 Komische Wirkung entsteht auch durch Übertreibungen (Hyperbeln ➤ Anhang 2, S. 120): Wo sind sie hier zu finden?

2 Was bleibt in der Schlusspointe unausgesprochen?

3 Nach Lessing stehen Epigramme in der Spannung zwischen „Erwartung“ und „Aufschluss“. Warum ist diese Spannung hier besonders stark?

46 text

Martial
2,20

Die Gedichte des Paulus

Carmina Paulus emit, recitat sua[1] carmina Paulus:
Nam quod emas[2], possis iure vocare tuum.

1 sua: als die Seinen
2 emo 3: kaufen

■ **Vertiefung**

In welcher Doppeldeutigkeit liegt die Pointe?

47 text

Martial
2,38

Der Ertrag des Landgutes

Quid mihi reddat ager, quaeris, Line, Nomentanus?
Hoc mihi reddit ager: Te, Line, non video.

■ **Vertiefung**

Im Doppelsinn welchen Wortes liegt die Pointe?

48 text

Martial
2,41

Guter Rat für Maximina

„Ride, si sapis, o puella, ride!“
Paelignus[1], puto, dixerat poeta.
Sed non dixerat omnibus puellis.
Verum[2] ut[3] dixerit omnibus puellis,
non dixit tibi: Tu puella non es,
et tres sunt tibi, Maximina, dentes,
sed plane[4] piceique[5] buxeique[6].
Quare si speculo[7] mihique credis,
debes non aliter timere risum,
quam ventum Spanius[8] manumque[9] Priscus,
quam cretata[10] timet Fabulla nimbum[11],
cerussata[12] timet Sabella solem.

1 **1 Paelignus**: aus dem Pälignerland: Ovid **2 verum**: aber **3 ut** (+ coni.): wenn auch
5 **4 plane**: gänzlich **5 piceus**: pechschwarz **6 buxeus**: gelb wie Buxbaumholz **7 speculum**: Spiegel
10 **8 Spanius** (griech.): der Spärliche: er ordnet sich sorgfältig seine wenigen Haare **9 manum**: Das Händeschütteln könnte die Falten der Toga verändern oder eine schmutzige Hand sie beflecken. **10 cretatus**: mit Kreide bestrichen (um blass auszusehen) **11 nimbus**: h. Regen **12 cerussatus**: geschminkt (mit Bleiweiß)

Voltus indue[13] tu magis severos
quam coniunx Priami nurusque[14] maior!
Mimos[15] ridiculi Philistionis
et convivia nequiora[16] vita,
et quidquid lepida[17] procacitate[18]
laxat[19] perspicuo[20] labella risu!
Te maestae decet adsidere matri
lugentique[21] virum piumve fratrem
et tantum[22] tragicis vacare[23] Musis.
At tu iudicium secuta nostrum
plora[24], si sapis, o puella, plora!

13 induo 3: anziehen, h. aufsetzen **14 nurus**: Schwiegertochter ➤ K
15 **15 mimus** ➤ K 44, S. 53 **16 nequior**: ausgelassener (Komparativ zum indecl. nequam)
17 lepidus: witzig **18 procacitas**: Anzüglichkeit
19 laxo 1: lockern, h. öffnen **20 perspicuus**: durchsichtig, h. offen
20 **21 -que** verbindet maestae und lugenti
22 tantum: nur **23 vaco** 1 (+ dat.): frei sein für
24 ploro 1: weinen

■ Kommentar

14 **coniunx Priami** ist Hekábe (lat. *Hécuba*), die leidgeprüfte Königin von Troja, das mythische Urbild einer vom Schicksal Heimgesuchten, ihre **nurus maior** ist Andromache, die Gattin Hektors, der von Achill getötet wurde. 15 **Philistion** (um Chr. Geb.) war der berühmteste Mimendichter.

■ Vertiefung

1 Inwiefern entspricht hier Martial dem hellenistischen Ideal eines *poeta doctus*?
2 Inwiefern zeigt das Epigramm eine „Ringkomposition"? Welche Figur unterstreicht diese?

49 text

Martial
2,56

Die Frau des Statthalters

Gentibus in Libycis uxor tua, Galle[1], male audit[2]
immodicae foedo crimine[3] avaritiae.
Sed mera narrantur mendacia[4]: Non solet illa
accipere omnino. Quid solet ergo? Dare.

1 Gallus ist Statthalter in der Cyrenaica, dem Gebiet um Cyrene in Ostlibyen. **2 audio** statt dicor: man spricht von mir **3 crimen**: Vorwurf
4 mendacium: Lüge

■ Kommentar

1 **Gallus** könnte zugleich ein sprechender Name sein: Galli hießen die Priester der Göttin Kybéle, die sich bei ihrem Kult selbst entmannten. Gallus verleitet dadurch seine Frau zum Ehebruch.
2 **avaritiae** steht in zunächst scheinbar paradoxer Antithese (➤ Anhang 2, S. 119) zu **non ... accipere**

■ Vertiefung

1 Zu welchem Begriff steht *non accipere* in Antithese?
2 Interpretiere die Wortstellung des letzten Verses.
3 Worin besteht die überraschende Pointe?

50 text

Martial
2,65

Versmaß: Hinkjamben

Saleianus, der trauernde Witwer

Cur trístiórem cérnimús Saléiánum?
„An[1] cáusa lévis est?", ínquis, „éxtulit[2] úxórem."
O grande fati crimen[3]! O gravem casum!
Illa, illa dives mortua est Secundilla,

1 **1 an** statt num
2 effero: zu Grabe tragen
3 crimen: Vorwurf (an ...)

centena decies[4] quae tibi dedit dotis[5]?
Nollem[6] accidisset hoc tibi, Saleiane!

5 **4 centena decies** sc. milia sestertium (= -orum), also zehnmal (je) hundert = eine Million **5 dos**, dotis: Mitgift **6 nollem accidisset** = utinam ne accidisset!

■ **Vertiefung**

1. Was soll mit Hilfe der Anapher des „O" in V. 3 ausgedrückt werden?
2. Welche Doppeldeutigkeit liegt in V. 6?

51 text

Martial
2,87

Ein „schöner" Frauenheld

Dicis amore tui[1] bellas ardere puellas,
qui faciem sub aqua, Sexte, natantis[2] habes.

1 tui: zu dir (gen. obi.)
2 nato 1: schwimmen

■ **Vertiefung**

Versuche den Verspotteten zu zeichnen.

52 text

Martial
2,92

Das „ius trium liberorum"

Natorum mihi ius trium roganti
Musarum[1] pretium[2] dedit mearum
solus[3], qui poterat. Valebis[3], uxor:
Non debet domini[4] perire munus.

1 Musae (meton.): das dichterische Werk **2 pretium**: als Lohn **3 solus ...**: gemeint ist der Kaiser Domitian **valebis**: statt „vale" als Verabschiedung **4 dominus** ➤ K

■ **Kommentar**

Das **ius trium liberorum** (hier poetisch *natorum*), ein Privileg, das erstmals Caesar Vätern von drei Kindern bei der Ansiedlung im kampanischen Staatsland (59 v. Chr.) gewährte, bedeutete seit Augustus auch Bevorzugung bei der Ämterbewerbung (also im *cursus honorum*) und im Erbrecht. Es wurde allerdings auch Kinderlosen für andere Leistungen als **munus** (Geschenk) gewährt, z. B. für das dichterische Werk: so Horaz und Martial. **3 valebis, uxor**: Daraus ist nicht zu schließen, dass Martial verheiratet war; es drückt vielmehr den Entschluss des eingefleischten Junggesellen aus, nicht zu heiraten. **4 dominus** nannte sich als erster Kaiser der tyrannische Domitian, womit alle anderen Reichsbewohner zu *servi* degradiert waren. Er verwandelte damit den von Augustus begründeten Prinzipat in den sog. Dominat, ein Gottkönigtum nach dem Vorbild der hellenistischen Könige, der Nachfolger Alexanders d. Großen.

*Abb. 10: **Kaiser Domitian** (81–96; Rom, Konservatorenpalast)*

■ **Vertiefung**

In welchem Wort liegt die Pointe (mit der sich der Dichter über das *ius trium liberorum* lustig macht)?

53 text

Martial
3,8

Die einäugige Thaïs

„Thaïda[1] Quintus amat.“ „Quam Thaïda?“ „Thaïda luscam[2].“
Unum oculum Thaïs non habet, ille duos.

1 Thaïda: griech. Akk.
2 luscus: einäugig

Kommentar

1 Thaïda: Martial hetzt die Verhöhnte gleichsam durch die Wiederholung ihres Namens.

Vertiefung

1 Was fällt an der Wortstellung des zweiten Verses auf?
2 In welcher Doppeldeutigkeit liegt die Pointe?
3 Welches deutsche Sprichwort könnte man als Titel setzen?
4 Zum Vergleich: **Lessing, 99. Sinngedicht**

Die, der ein Auge fehlt, die will sich Sextus wählen?
Ein Auge fehlet ihr, ihm müssen beide fehlen.

Wessen erster Vers scheint dir wirksamer zu sein, der Martials oder der Lessings?

54 text

Martial
3,12

Der knausrige Gastgeber Fabullus

Unguentum, fateor, bonum dedisti
convivis[1] heri, sed nihil scidisti[2].
Res salsa[3] est bene olere et esurire[4]:
Qui non cenat et unguitur[5], Fabulle,
hic vere mihi mortuus videtur.

1 **1 conviva**, -ae m.: Gast
2 scindo 3, scidi, scissus: (Fleisch) schneiden
3 salsus: salzig; witzig **4 esurio** 4: hungern
5 unguo 3: salben

Kommentar

5 mortuus: In vornehmen Familien wurden Tote von Leichenwäschern *(pollinctores)* gewaschen und gesalbt und bis zu sieben Tagen im Atrium aufgebahrt.

Vertiefung

Woran ist zu erkennen, dass Martial an Catulls 13. Gedicht (➤ T 9, S. 20) erinnern will?
Stelle die Unterschiede fest:
a in der Rolle der Figuren,
b in der zeitlichen Relation zwischen Gedicht und Anlass (Gastmahl).

55 text

Martial
3,41

Das Darlehen des reichen Telesinus

Mutua[1] quod nobis ter quinquagena[2] dedisti,
ex opibus tantis, quas gravis arca[3] premit,
esse tibi magnus, Telesine, videris amicus.
Tu magnus, quod das? Immo[4] ego, quod recipis.

1 mutuus: wechselseitig, h. Darlehen (subst. n. pl.) **2 quinquagena** sc. milia sestertium = 50.000 S. **3 arca**: (Geld-)Truhe
4 immo: nein, vielmehr

■ **Kommentar**

Die reichsten Römer hatten ein Vermögen von mehreren 100 Millionen Sesterzen; ein Taglöhner bekam vier, eine Tunika kostete 15 Sesterzen.

■ **Vertiefung**

Viele Epigramme sind gerahmt. Inwiefern ist das auch bei diesem der Fall?

56 text

Martial
3,43

Der grauhaarige Laetinus

Mentiris[1] iuvenem tinctis[2], Laetine, capillis[3],
tam subito corvus[4], qui modo cycnus[5] eras.
Non omnes fallis: Scit te Proserpina canum[6]:
personam[7] capiti detrahet illa tuo.

1 mentior 4: lügen, h. vortäuschen **2 tinguo** 3, tinxi, tinctum: färben **3 capillus**: Haar **4 corvus**: Rabe **5 cycnus**: Schwan **6 canus**: grau **7 persona**: Maske

■ **Vertiefung**

1 Was trägt hier zur Anschaulichkeit bei?

2 Welche besondere Bosheit liegt in der Erwähnung der Proserpina?

57 text

Martial
3,44

Ligurinus, der lästige Dichter

Occurrit tibi nemo quod[1] libenter,
quod, quacumque[2] venis, fuga est et ingens
circa te, Ligurine, solitudo,
quid sit, scire cupis? Nimis poeta es.
Hoc valde vitium periculosum est.
Non tigris[3] catulis[4] citata[5] raptis,
non dipsas[6] medio perusta[7] sole
nec sic scorpios[8] improbus timetur.
Nam tantos, rogo, quis ferat labores?
Et stanti legis et legis sedenti,
currenti legis et legis cacanti[9].
In thermas fugio: Sonas ad aurem.
Piscinam[10] peto: Non licet natare.
Ad cenam propero: Tenes euntem.
Ad cenam venio: Fugas sedentem.
Lassus[11] dormio: Suscitas[12] iacentem.
Vis, quantum facias mali, videre?
Vir iustus, probus[13], innocens[14] timeris.

1 **1 quod**: dass **2 quacumque** sc. via: überall, wohin

5 **3 tigris**: Tigerin **4 catulus**: Junges **5 cito** 1: h. reizen **6 dipsas**, -adis f. (griech.): Schlange **7 per-uror** 3, -ussi, -ustum (med.): erhitzen **8 scorpios** (griech. Nom.): Skorpion

10 **9 caco** 1: kacken **10 piscina**: Schwimmbecken

15 **11 lassus**: müde **12 suscito** 1: auftreiben **13 probus**: rechtschaffen **14 innocens**: unschuldig

■ **Kommentar**

15 sedentem: Gäste saßen im Empfangsraum, bevor sie sich zu Tisch legten.

■ **Vertiefung**

Welches (zeitlose) Mittel der Komik wird hier eingesetzt?

Abb. 11: ***Öffentliche Toilette*** *(links: Dougga, Tunesien; rechts: Ephesus, Türkei)*

58 text

Martial 3,51

Galla will nicht mit mir baden

Cum faciem laudo, cum miror crura manusque
dicere, Galla, soles: „Nuda placebo magis!“
At semper vitas communia balnea[1] nobis.
Numquid[2], Galla, times, ne tibi non placeam?

1 balneum: Bad
2 numquid statt num

Kommentar

3 communia balnea: Größere Bäder hatten getrennte Anlagen für Männer und Frauen; in kleineren waren getrennte Badezeiten vorgesehen. Gemeinschaftsbäder *(balnea mixta)* galten, weil man nackt badete, als anstößig, doch viele setzten sich trotz gesetzlicher Verbote darüber hinweg.

Vertiefung

Die Pointe liegt in der Erwartungsenttäuschung: Was würde man statt *ne tibi non placeam* erwarten?

59 text

Martial 3,53

Nein danke!

Et voltu poteram[1] tuo carere
et collo[2] manibusque cruribusque
et mammis natibusque[3] clunibusque[4]
et, ne singula persequi[5] laborem,
tota te poteram, Chloë, carere.

1 **1 poteram**: Das Impf. drückt den Zustand aus, der von der Vght. in die Ggw. reicht **2 collum**: Hals **3 natis**, -is: Hinterbacke, pl. Gesäß **4 clunis**, -is: Hintern **5 persequor** 3 h. aufzählen

Vertiefung

1 Welcher Körperteil wird durch eine Wiederholungsfigur besonders hervorgehoben?
2 Formuliere das Epigramm zu einem Liebesgedicht um.

60 text

Martial 3,55

Die parfumierte Gellia

Quod[1], quacumque[2] venis, Cosmum[3] migrare putamus
et fluere excusso cinnama[4] fusa vitro[5],
nolo[6] peregrinis[7] placeas tibi, Gellia, nugis[8]:
Scis, puto, posse meum sic bene olere canem.

1 quod: was das betrifft, dass **2 quacumque** sc. via: überall, wohin **3 Cosmus** ist ein Parfumhändler **4 cinnama**, -orum: Zimtextrakt **5 vitrum**: Glas(flasche) **6 nolo ... placeas** = noli placere **7 peregrinus**: fremd, importiert **8 nugae**, -arum: unnötiges Zeug

Kommentar

1 Cosmus ist der personifizierte griech. *kósmos* (= Schmuck, Körperpflege).
2 cinnama: Kleine Flaschen mit Zimtextrakt wurden auch in Gräbern gefunden. Zimtextrakt und Zimtrinde wurden von den Phöniziern aus Ostasien in den Mittelmeerraum gebracht, als Parfum- und Salbenzusatz und als adstringierende Arznei, aber nicht als Gewürz verwendet.

61 text

Martial 4,12

Die gefällige Thaïs

Nulli[1], Thaï[2], negas, sed si te non pudet istud,
hoc saltem[3] pudeat, Thaï, negare nihil!

1 nulli: statt nemini **2 Thaï**: griech. Vokativ **3 saltem**: wenigstens

Kommentar

2 nihil: Gemeint ist vor allem die *fellatio*, über die sich Martial oft lustig macht.

Vertiefung

Inwiefern ist das Epigramm chiastisch (➤ Anhang 2, S. 119) gebaut?

62 text

Martial 4,16

Gallus und seine Stiefmutter

Privignum[1] non esse tuae te, Galle, novercae
rumor erat, coniunx dum fuit illa patris.
Non tamen hoc poterat vivo genitore[2] probari.
Iam nusquam pater est, Galle: Noverca domi est.
Magnus ab infernis[3] revocetur[4] Tullius umbris
et te defendat[4] Regulus[5] ipse licet:
Non potes absolvi. Nam quae non desinit esse
post patrem[6], numquam, Galle, noverca fuit.

1 **1 privignus**: Stiefsohn **2 genitor**: „Zeuger“, Vater

5 **3 infernus**: unterirdisch, der Unterwelt **4 revocetur ... defendat**: konzessive Konjunktive zu licet: mag auch ... **5 Regulus**: angesehener Anwalt zu Martials Zeit **6 patrem** sc. mortuum

Kommentar

6 defendat: Domitian erneuerte die augusteische *lex Iulia de adulteriis coërcendis* (julisches Gesetz zur Einschränkung des Ehebruchs) vom Jahr 18 v. Chr., die den Ehebruch von Frauen und ein Verhältnis mit Freigeborenen und Witwen (!) unter Strafe stellte.

63 text

Martial 4,41

Der Dichter mit dem Wollschal

Quid recitaturus circumdas vellera[1] collo[2]?
conveniunt[3] nostris auribus[4] ista magis.

1 vellus, -eris n.: Wolle, pl. Schal **2 collum**: Hals **3 convenio** 4: passen **4 auris**: Ohr

■ **Vertiefung**

1 Was hat die Pointe mit der von 1,10 (➤ T 33, S. 48) gemeinsam?
2 Welches Epigramm hat das gleiche Motiv?

64 text

Martial 4,56

Der großzügige Gargilianus

1 Munera quod senibus viduisque[1] ingentia mittis,
vis[2] te munificum[3] , Gargiliane, vocem?
Sordidius[4] nihil est, nihil est te spurcius[5] uno,
qui potes insidias dona vocare tuas.
5 Sic avidis fallax[6] indulget[7] piscibus hamus[8],
callida sic stultas decipit esca[9] feras.
Quid sit largiri, quid sit donare, docebo,
si nescis: Dona, Gargiliane, mihi!

1 **1 vidua**: Witwe **2 vis ... vocem**: willst du, dass...? **3 munificus**: großzügig **4 sordidus**: schmutzig, geizig **5 spurcus**: schmutzig, gemein
5 **6 fallax**: trügerisch **7 indulgeo** 2: gewogen sein **8 hamus**: Angelhaken **9 esca**: Köder

■ **Vertiefung**

1 Welches Übel wird hier angeprangert?
2 Auf welche vier Verse kann die Aussage des Epigramms reduziert werden?
3 Inwiefern haben die Verse 5 f. (den Inhalt) abbildende Wortstellung?

65 text

Martial 4,58

Die trauernde Witwe

In tenebris[1] luges[2] amissum, Galla, maritum.
Nam plorare[3] pudet te, puto, Galla, virum.

1 tenebrae: Dunkelheit **2 lugeo** 2: betrauern **3 ploro** 1: beweinen

■ **Kommentar**

1 **Galla** nennt Martial des öfteren Ehebrecherinnen ➤ K 49, zu 2,56, S. 55.

■ **Vertiefung**

Was bleibt hier unausgesprochen?

66 text

Martial 4,69

Gefährliche Weine des Papylus

Tu Setina[1] quidem semper vel Massica[2] ponis,
Papyle, sed rumor tam bona vina negat:
Diceris[3] hac factus caelebs[4] quater esse lagona[5]:
Nec puto nec credo, Papyle, nec sitio[6].

1 Setina sc. vina: aus Setia in Latium **2 Massica** sc. vina: vom Berg Massicus in Süd-Latium **3 diceris**: mit NcI! **4 caelebs**, -ibis: verwitwet **5 lagona**: Krug **6 sitio** 4: durstig sein

■ **Vertiefung**
In welchem Wort liegt die Pointe?

67 text

Martial 4,87

Die „kinderfreundliche" Bassa

Infantem[1] secum[2] semper tua Bassa, Fabulle,
conlocat et lusus[3] deliciasque[4] vocat,
et, quo[5] mireris magis, infantaria[6] non est.
Ergo quid in causa est? Pedere[7] Bassa solet.

1 infans: Kind **2 secum**: neben sich **3 lusus**, -us: h. Unterhaltung **4 deliciae**, -arum: Vergnügen **5 quo** (+ comp. + coni.): damit umso **6 infantarius**: kinderfreundlich **7 pedo** 3: Blähungen haben

68 text

Martial 5,9

Der Arzt Symmachus und seine Schüler

Languebam[1], sed tu comitatus[2] protinus[3] ad me
venisti centum, Symmache, discipulis[4].
Centum me tetigere manus aquilone[5] gelatae[6]:
Non habui febrem, Symmache, nunc habeo.

1 langueo 2: (nur) ermattet sein **2 comito** 1: begleiten **3 protinus** (adv.): sofort **4 discipulis**: dat. auct. zu comitatus **5 aquilo**: Nordwind, Kälte **6 gelo** 1: zum Gefrieren bringen

■ **Vertiefung**
Welche Sinnfigur (➤ Anhang 2, S. 119 f.) drückt die Empfindung des Patienten aus?

69 text

Martial 5,43

Schwarze und weiße Zähne

Thaïs habet nigros, niveos Laecania dentes.
Quae ratio[1] est? Emptos[2] haec habet, illa suos.

1 ratio: statt causa
2 emo 3, emi, emptus: kaufen

■ **Kommentar**
Die Technik des Zahnersatzes lernten die Römer von den Etruskern, die sich schon im 7. Jh. darauf

verstanden. Ursprünglich setzte man Goldzähne ein, später Tierzähne oder elfenbeinerne. Plomben waren nicht bekannt.

■ **Vertiefung**
Durch welche syntaktische Figur (➤ Anhang 2, S. 119) wird der Gegensatz unterstrichen?

70 text

Martial
5,47

Der Parasit Philo

Numquam se cenasse domi Philo iurat, et hoc[1] est:
Non cenat, quotiens[2] nemo vocavit eum.

1 hoc: statt ita
2 quotiens: sooft; jedes Mal, wenn

■ **Vertiefung**
Inwiefern wird hier das Motiv gegenüber 2,11 (➤ T 45, S. 53) verstärkt?

71 text

Martial
5,56

Pädagogischer Rat?

Cui tradas, Lupe, filium magistro,
quaeris sollicitus[1] diu rogasque.
Omnes grammaticosque[2] rhetorasque[3]
devites[4], moneo: Nihil sit illi
cum libris Ciceronis aut Maronis[5],
famae[6] Tutilium[7] suae relinquat.
Si versus facit, abdices[8] poetam!
Artes discere vult pecuniosas?
Fac discat citharoedus[9] aut choraules[10]!
Si duri[11] puer ingeni[12] videtur,
praeconem[13] facias vel architectum[14]!

1 **1 sollicitus**: besorgt **2 grammaticus**: Sprachgelehrter, Philologe ➤ K **3 rhetor**: Rhetoriklehrer (-as griech. Akk. pl.) ➤ K **4 devito** 1 = vito, devites statt ut d.
5 **5 Maro**: P. Vergilius Maro ➤ K **6 famae … relinquat**: Er soll T. seinem Ruf überlassen, oder: dem T. seinen Ruf lassen. **7 Tutilius**: ein sonst nicht bekannter Redner **8 abdico** 1: enterben **9 citharoedus**: Kitharöde ➤ K **10 chor-aules**, -ae: Flötenspieler beim Chortanz (griech. *aulé:* Flöte)
10 **11 durus**: h. unbeholfen **12 ingeni** = ingenii **13 praeco**: Verkaufsvermittler ➤ K **14 architectus**: Baumeister

■ **Kommentar**
3 Der **grammaticus** unterrichtete Kinder begüterter Familien nach der Grundschule (= 7.–11. Lebensjahr) ca. bis zum 16. Lebensjahr: Die alten Autoren, vor allem der Komödiendichter Terenz, der Historiker Sallust, Cicero und besonders Vergil, wurden nach mythologischen, historischen, geografischen Gesichtspunkten interpretiert. Außerdem wurde Griechisch unterrichtet. **rhetoras**: Der Unterricht in der Rhetorenschule (ca. vom 16. bis zum 20. Lebensjahr) entsprach unserem Universitätsstudium: Neben dem Rhetor unterrichteten Juristen, Philosophen, Mathematiker, Astronomen, Mediziner etc. **5 Maro** = P. Vergilius Maro: Seine *„Aeneis"* wurde schon bald nach seinem Tod zum Schulbuch auf allen Stufen. **9 citharoedus**: Die Kitharöden (aus griech. *kithára* + *aoidós* / Sänger), die ihre Lieder auf der siebensaitigen Kithára begleiteten, waren in der Kaiserzeit hochbezahlte Stars. **11** Der **praeco** pries eine Ware an und kassierte den Kaufpreis, von dem er 1 % als Provision erhielt.

■ **Vertiefung**
1 Wie bezeichnen wir heute das, wovon Martial hier abrät?
2 Ist der Rat ehrlich gemeint?

72 text

Martial
6,7

Die vielen Ehen der Telesilla

Iulia lex[1] populis ex quo[2], Faustine, renata est
atque intrare domos iussa Pudicitia est,
aut minus aut certe non plus tricesima lux est,
et nubit decimo iam Telesilla viro.
Quae nubit totiens, non nubit: Adultera[3] lege est.
Offendor[4] moecha[5] simpliciore[6] minus.

1 **1 Iulia lex** ➤ K 62, S. 60 **2 ex quo**: seit

5 **3 adultera**: Ehebrecherin **4 offendor** (+ abl.): sich ärgern über … **5 moecha**: Ehebrecherin; Hure **6 simplex**: ehrlich

73 text

Martial
6,8

Eine gute Partie

Praetores duo, quattuor tribuni,
septem causidici[1], decem poetae
cuiusdam[2] modo[3] nuptias petebant
a quodam sene. Non moratus ille
praeconi[4] dedit Eulogo[5] puellam.
Dic: Num quid fatue[6], Severe, fecit?

1 **1 causi-dicus**: Anwalt **2 cuiusdam** sc. puellae **3 modo**: eben erst

5 **4 praeco** ➤ K 71, S. 63 **5 Eu-logus**: sprechender griech. Name: der „gut Sprechende", Wortgewandte **6 fatuus**: töricht

■ **Vertiefung**
Was hat das Epigramm mit 6,7 (➤ T 72), was mit 5,56 (➤ T 71, S. 63) gemeinsam?

74 text

Martial
6,19

An den Anwalt Postumus

Non de vi[1] neque caede nec veneno[2],
sed lis[3] est mihi de tribus capellis[4]:
Vicini queror has abesse furto[5].
Hoc iudex sibi postulat probari.
Tu Cannas[6] Mithridaticumque[7] bellum
et periuria[8] Punici furoris
et Sullas[9] Mariosque Muciosque[10]
magna voce sonas manuque tota:
Iam dic, Postume, de tribus capellis!

1 **1 vis**: h. Nötigung **2 venenum**: Gift **3 lis**, litis: Gerichtsstreit **4 capella**: Ziege **5 furtum**: Diebstahl

5 **6 Cannae** ➤ K **7 Mithridaticus**: Adj. zu Mithridates ➤ K **8 periurium**: Meineid **9 Sullas**: Leute wie Sulla, der im Bürgerkrieg in den 80er-Jahren gegen Marius kämpfte **10 Mucii** ➤ K

■ **Kommentar**
5 Cannas: bei Cannae besiegte Hannibal 216 v. Chr. die Römer. **Mithridates** (auch Mithradates) hießen die Könige von Pontus, einem hellenistischen Königreich in Kleinasien am Schwarzen Meer. Hier ist Mithridates VI. (um 100 v. Chr.) gemeint, der andere kleinasiatische Königreiche und

die römische Provinz Asia eroberte. Die Römer konnten ihn erst im 3. Krieg unter dem Kommando des Pompeius besiegen (66 v. Chr.). 7 Das Geschlecht der **Mucii**, besonders die Familie mit dem Beinamen Scaevola, brachte über Jahrhunderte bedeutende Politiker hervor.

■ **Vertiefung**
Aus welchem Kontrast ergibt sich die Pointe?

75 **t**ext

Martial
6,53

Der plötzliche Tod des Andragoras

Lotus[1] nobiscum est, hilaris[2] cenavit et idem
inventus mane[3] est mortuus Andragoras.
Tam subitae mortis causam, Faustine, requiris?
In somnis medicum viderat Hermocraten.

1 lotus ... est = lautus est (med.!) **2 hilaris**: heiter, gut gelaunt **3 mane**: am Morgen

■ **Vertiefung**
Vergleiche 1,47 (➤ T 37, S. 50) und 5,9 (➤ T 68, S. 62): Welches der drei Epigramme hältst du für das beste?

76 **t**ext

Martial
6,75

Der Glatzkopf Phoebus

Mentiris[1] fictos[2] unguento[3], Phoebe, capillos,
et tegitur pictis sordida[4] calva[5] comis[6].
Tonsorem[7] capiti non est adhibere necesse:
Radere[8] te melius spongia[9], Phoebe, potest.

1 mentior 4: lügen, vortäuschen **2 fictus**: h. nicht vorhanden **3 unguentum**: Salbe **4 sordidus**: h. geschwärzt (Prolepse ➤ Anhang 2, S. 120) **5 calva**: Schädel **6 coma**: Haar **7 tonsor**: „Scherer“, Friseur **8 rado** 3: rasieren, h. glatt machen **9 spongia**: Schwamm

■ **Kommentar**
1 **Phoebus**: Der Name ist ironisch: Der Sonnengott Phoebus (Apollo) wurde mit lockigem Haar dargestellt.

Abb. 12: Kopf des Kasseler Apoll *(röm. Marmorkopie nach einem griech. Bronze-Original, um 450 v. Chr.; Staatliche Kunstsammlungen Kassel), ein hervorragendes Beispiel des sog. Strengen Stils der griech. Klassik*

77 text

Martial 6,60

Martials Gedichte in Rom

Laudat, amat, cantat[1] nostros mea Roma libellos,
meque sinus[2] omnes, me manus omnis habet.
Ecce rubet[3] quidam, pallet[4], stupet[5], oscitat[6], odit:
Hoc volo, nunc nobis carmina nostra placent.

1 canto 1: h. Verse zitieren **2 sinus**, -us: Gewandbausch – oder: Tasche (pl. metri causa) **3 rubeo** 2: rot sein (vor Zorn) **4 palleo** 2: bleich sein (vor Neid) **5 stupeo** 2: staunen, fassungslos sein **6 oscito** 1: mit offenem Mund da stehen

Vertiefung

1. Welche zwei Wirkungen haben Martials Epigramme? Wie ist zu erklären, dass ihm die zweite wichtiger ist?
2. Mit welchen Figuren werden beide Wirkungen dargestellt?

78 text

Martial 6,66

Verfehlte Werbung

Famae[1] non nimium bonae puellam,
quales in media sedent Subura[2],
vendebat[3] modo praeco[4] Gellianus.
Parvo cum pretio diu liceret[5],
dum puram[6] cupit adprobare[7] cunctis,
adtraxit prope se manu[8] negantem
et bis terque quaterque basiavit.
Quid profecerit[9] osculo, requiris?
Sescentos[10] modo qui dabat[11], negavit.

1 **1 famae**: gen. qual. **2 Subura**: ein übles Stadtviertel in Rom (im NO des Forums) **3 vendebat**: imperf. de conatu **4 praeco** ➤ K 71, S. 63 **5 liceo** 2: zum Verkauf stehen (Subj. ist puella)
5 **6 puram** sc. eam esse **7 adprobo** 1: beweisen **8 manu**: zu negantem **9 proficio** 3M: Erfolg haben **10 sescentos** sc. sestertios **11 dabat**: impf. de conatu

Kommentar

9 sescentos: ein niedriger Preis: In der frühen Kaiserzeit kosteten Sklaven 800–2500, gebildete bis zu 50.000 Sesterzen.

79 text

Martial 6,82

Der berühmte Dichter und sein Mantel

Quidam[1] me modo, Rufe, diligenter
inspectum, velut emptor[2] aut lanista[3],
cum vultu digitoque subnotasset[4],
„Tune es, tune“, ait, „ille Martialis,
cuius nequitias[5] iocosque novit,

1 **1 quidam ... cum** (V. 3) = cum quidam ... **2 emptor**: Käufer, h. Sklavenhändler **3 lanista**, -ae: Gladiatorentrainer **4 subnoto** 1: prüfen

5 **5 nequitia**: Nichtsnutzigkeit, pl.: Frivolitäten

aurem qui modo[6] non habet Batavam[7]?“
Subrisi[8] modice[9] levique nutu[10]
me, quem dixerat, esse non negavi.
„Cur ergo“, inquit, „habes malas lacernas[11]?“
Respondi: „Quia sum malus poeta.“
Hoc ne saepius accidat poetae,
mittas, Rufe, mihi bonas lacernas!

6 qui modo: wenn er nur **7 Batavus**: batavisch, im Sinn von „barbarisch“ (die Bataver waren ein Keltenstamm an der Rheinmündung) **8 subrideo** 2: lächeln **9 modicus**: maßvoll, leicht **10 nutus**: Nicken **11 lacerna**: Mantel (poet. Pl.)

Kommentar

Gedichte mit der Bitte um einen warmen Mantel haben eine lange Tradition, die der Jambendichter Hipponax von Ephesos (7. Jh. v. Chr.) begründete: Fragm. 24b (Diehl): „Gib dem Hipponax einen Mantel, denn gar fürchterlich friere ich …“.

Vertiefung

1 Welchen Kunstgriff benutzt der Dichter, um die Bettelei nicht als solche darzustellen?
2 Welcher Satz ist ironisch?
3 Welches Motiv hat das Epigramm mit 6,60 (➤ T 77, S. 66) gemeinsam?

80 text

Martial
8,12

Nur keine reiche Frau!

Uxorem quare locupletem[1] ducere[2] nolim,
  quaeritis? Uxori nubere[3] nolo meae.
Inferior matrona suo sit, Prisce, marito:
  Non aliter fiunt femina virque pares.

1 locuples, -etis: reich **2 ducere** sc. in matrimonium **3 nubo** 3: heiraten: mit Dat. nur von der Frau gesagt, daher h. „Frau werden“

Kommentar

1 locupletem: Schon Kleobulos von Lindos, einem der Sieben Weisen (7. Jh.?), wird der Ausspruch zugeschrieben: „Man muss aus gleichem Rang heiraten, denn wenn man eine aus höherem Stand heiratet, bekommt man Herrn und nicht Verwandte.“ Publilius Syrus (1. Jh. v. Chr.): *Casta ád virúm matróna párendo ímperát.* **3 Priscus** war ein Freund und Gönner Martials, den er in 12,4 seinen *Maecenas* nennt. Der Name ist hier aber auch deshalb gewählt, weil Priscus die gesunden „alten“ Ansichten vertritt. Über Heiraten aus Geldgier macht sich Martial immer wieder lustig: vgl. 1,10 (➤ T 33, S. 48) und 2,65 (➤ T 50, S. 55 f.).

Vertiefung

Was kann aus dem Epigramm über die Stellung der Frau gesagt werden?

81 text

Martial
8,31

Dento und das „ius trium liberorum“

Nescioquid[1] de te non belle, Dento, fateris,
  coniuge qui ducta[2] iura paterna[3] petis.
Sed iam supplicibus[4] dominum[5] lassare[6] libellis[7]
  desine et in patriam serus[8] ab urbe redi!
Nam dum tu longe deserta uxore diuque
  tres quaeris natos, quattuor invenies.

1 **1 nescioquid** = aliquid **2 ducta** sc. in matrimonium **3 iura paterna** statt ius trium liberorum ➤ K 52, S. 56 **4 supplex**, -icis: bittend **5 dominus** ➤ K 52, S. 56 **6 lasso** 1: ermüden **7 libellus**: Schriftstück, Gesuch **8 serus**: spät, endlich (Prädikativ statt Adv.)

Vertiefung

1. Was wird (unausgesprochen) Dento, was seiner Frau vorgeworfen?
2. In welchen Wörtern liegt die Schlusspointe?

82 text

Martial 8,54

Die schöne Catulla

Formonsissima[1], quae fuere vel sunt,
sed vilissima[2], quae fuere vel sunt,
o quam te fieri, Catulla, vellem
formonsam minus aut magis pudicam[3]!

1 formonsus = formosus
2 vilis, -e: billig (zu haben)
3 pudicus: schamhaft, anständig

Vertiefung

1. Welche Figuren fallen auf? Welche Beziehung haben sie zum Inhalt?
2. Warum heißt die Frau „Catulla"?

83 text

Martial 8,69

Vacerra und die toten Dichter

Miraris veteres, Vacerra, solos
nec[1] laudas nisi mortuos poetas.
Ignoscas[2] petimus, Vacerra: Tanti[3]
non est, ut placeam tibi, perire.

1 nec ... nisi: und nur **2 ignosco** 3: verzeihen, ignoscas = ut i. **3 tanti** sc. pretii: so viel wert, tanti non est: es zahlt sich nicht aus

Vertiefung

1. *Vacerra* (= eingeschlagener Pfahl) wird metaphorisch als Schimpfwort gebraucht. Gibt es eine entsprechende deutsche Metapher?
2. Zum Vergleich: **Lessing, 125. Sinngedicht**
   Du lobest Tote nur? Vax, deines Lobes wegen
   hab ich blutwenig Lust, mich bald ins Grab zu legen.

84 text

Martial 8,76

Gallicus' Bitte an Martial

„Dic verum mihi, Marce, dic amabo[1]!
Nil est, quod magis audiam libenter."
Sic et, cum recitas tuos libellos,
et, causam[2] quotiens[3] agis clientis,
oras, Gallice, me rogasque semper.
Durum est me tibi, quod petis, negare.
Vero verius ergo quid sit, audi:
Verum, Gallice, non libenter audis.

1 amabo nach dem Imperativ: Sei so gut
2 causam ... agere: eine Sache vor Gericht vertreten **3 quotiens**: sooft

Vertiefung

Hat Martial den Wunsch des Gallicus erfüllt?

85 text

Martial
8,79

Fabulla und ihre Freundinnen

Omnes aut vetulas[1] habes amicas
aut turpes vetulisque foediores[2].
Has ducis comites trahisque tecum
per convivia[3], porticus[4], theatra:
Sic formosa, Fabulla, sic puella es.

1 **1 vetulus**: alt, vetula (subst.): Vettel
2 foedus: hässlich
3 convivium: Gastmahl
4 porticus: Säulengang

86 text

Martial
9,14

Ein wahrer Freund?

Hunc, quem mensa tibi, quem cena paravit amicum,
esse putas fidae pectus amicitiae[1]?
Aprum[2] amat et mullos[3] et sumen[4] et ostrea[5], non te.
Tam bene si cenem, noster amicus erit.

1 fidae ... amicitiae: gen. qual. zu pectus **2 aper**: Eber **3 mullus**: Meerbarbe (eine Fischspezialität) **4 sumen**: Schweinseuter **5 ostreum**: Auster

Vertiefung

1. Vgl. die Sentenz des griech. Komödiendichters Menander: „Viele sind Freunde der Tische, nicht der Freunde." Was unterscheidet diese Sentenz von Martials Epigramm?
2. Was fehlt diesem Epigramm (zum Unterschied von bisherigen)?

87 text

Martial
9,15

Die Witwe Chloë

Inscripsit tumulis[1] septem scelerata virorum
se fecisse Chloë: Quid pote[2] simplicius[3]?

1 tumulus: Grab(hügel)
2 pote (indecl.): könnte sein
3 simplex: einfach; ehrlich

Kommentar

1 **septem**: Eine Frau mit sieben Männern war das lasterhafte Gegenstück zum römischen Ideal der *univira*, der Frau, die in ihrem ganzen Leben nur einen Mann hatte. 2 **se fecisse**: Auf römischen Grabsteinen stand nicht nur der Name des Toten, sondern auch dessen, der den Stein setzen ließ; in diesem Fall also: *Chloë uxor fecit*.

Vertiefung

Cicero nennt in seinem Lehrbuch der Rhetorik *(„De oratore")* den Doppelsinn als Mittel der Komik: In welchen zwei Wörtern liegt er hier?

88 text

Martial 9,46

Bauwut

Gellius aedificat semper: Modo limina[1] ponit,
nunc foribus[2] claves[3] aptat[4] emitque seras[5],
nunc has, nunc illas reficit mutatque fenestras:
Dum[6] tantum aedificet, quidlibet[7] ille facit,
oranti nummos[8] ut dicere possit amico
unum illud verbum Gellius: „Aedifico."

1 **1 limen**: Türschwelle **2 foris**, -is: Tür(flügel) **3 clavis**: Schlüssel (vgl. ital. chiave) **4 apto** 1: anpassen **5 sera**: Riegel **6 dum tantum** (+ coni.): solange ... nur **7 quidlibet**: alles Mögliche
5 **8 nummus**: Münze, pl. Geld

89 text

Martial 9,66

Wozu das „ius trium liberorum"?

Uxor cum tibi sit formonsa, pudica, puella[1],
quo[2] tibi natorum iura, Fabulle, trium?
Quod petis a nostro supplex[3] dominoque deoque,
tu dabis ipse tibi, si potes arrigere[4].

1 puella: h. adi.: jugendlich
2 quo: wozu
3 supplex: flehentlich
4 arrigo 3: (ihn) hochkriegen

Kommentar

3 **dominoque deoque**: ➤ K 52, zu V. 4, S. 56

Vertiefung

1 Welche syntaktische Figur (➤ Anhang 2, S. 119) enthält der 1. Vers?
2 Vgl. 8,31 (➤ T 81, S. 67): Welches Epigramm hältst du für besser?

90 text

Martial 9,68

Der lärmende Schulmeister

Quid[1] tibi nobiscum est, ludi[2] scelerate magister,
invisum[3] pueris virginibusque caput?
Nondum cristati[4] rupere silentia galli:
Murmure iam saevo verberibusque[5] tonas[6].
Tam grave[7] percussis incudibus[8] aera resultant[9],
causidicum[10] medio cum faber[11] aptat[12] equo[13].
Mitior[14] in magno clamor furit amphitheatro,
vincenti parmae[15] cum sua turba favet.
Vicini somnum – non tota nocte – rogamus:
Nam vigilare leve est, pervigilare grave est.
Discipulos dimitte tuos! Vis, garrule[16], quantum
accipis, ut clames, accipere, ut taceas?

1 **1 quid ...**: Was haben wir mit dir zu schaffen? **2 ludus**: Elementarschule **3 invisus**: verhasst **4 cristatus**: mit einem Kamm versehen **5 verbera**, -um: Prügel, Schläge **6 tono** 1: Lärm machen
5 **7 grave**: adv. **8 incus**, -udis: Amboss **9 resulto** 1: widerhallen **10 causi-dicus**: Anwalt **11 faber**, fabri: Schmied **12 apto** 1: h. draufsetzen **13 equo**: Der Anwalt lässt sich protzig als Reiter darstellen. **14 mitis**: sanft **15 parma**: kleiner Schild, h. Gladiator, der mit diesem den Gegner mit dem großen Schild *(scutum)* besiegt
10 **16 garrulus**: Schwätzer

■ **Vertiefung**

1. Nenne Beispiele satirischer Übertreibung.
2. Wo findet sich ein Epitheton ornans (➤ Anhang 2, S. 119)?

91 text

Martial
9,97

Die Neider

Rumpitur[1] invidia quidam, carissime Iuli,
quod me Roma legit, rumpitur invidia.
Rumpitur invidia, quod turba semper in omni
monstramur digito, rumpitur invidia.
Rumpitur invidia, tribuit quod Caesar uterque
ius[2] mihi natorum, rumpitur invidia.
Rumpitur invidia, quod rus[3] mihi dulce sub[4] urbe est
parvaque in urbe domus, rumpitur invidia.
Rumpitur invidia, quod sum iucundus amicis,
quod conviva[5] frequens, rumpitur invidia.
Rumpitur invidia, quod amamur quodque probamur[6]:
Rumpatur, quisquis rumpitur invidia!

1 **1 rumpo** 3: brechen, (med.:) platzen

5 **2 ius natorum** = ius trium liberorum ➤ K 52, S. 56 **3 rus**: Landgut **4 sub**: in der Nähe (engl.?)

10 **5 conviva**: Gast(geber) **6 probo** 1: gutheißen, loben

■ **Kommentar**

5 **Caesar uterque**: zwei der drei Flavierkaiser (Vespasian, Titus, Domitian): Der eine war Domitian (➤ K 52, S. 56; wer der zweite war, wissen wir nicht) 7 **rus**: Es lag bei Nomentum, nordöstl. von Rom. 8 **domus**: Das Stadthaus besaß Martial erst 94. Vorher wohnte er im 3. Stock eines Mietshauses.

■ **Vertiefung**

1. Wie heißt die Figur, die das Epigramm beherrscht?
2. Aus welchem Wort, das zuerst metaphorisch, dann wörtlich gemeint ist, entsteht die Pointe?
3. Welche biografischen Fakten sind dem Epigramm zu entnehmen?

92 text

Martial
10,8

Paula ist mir zu jung

Nubere[1] Paula cupit nobis, ego ducere[2] Paulam
nolo: Anus[3] est. Vellem, si magis esset anus.

1 nubo 3 + dat.: heiraten **2 ducere**: sc. in matrimonium **3 anus**, -us: alte Frau

■ **Vertiefung**

1. Ist das *ego* hier real oder fiktiv?
2. Cicero schreibt in seinem Lehrbuch der Rhetorik *(„De oratore“)*: *Notissimum ridiculi genus, cum aliud exspectamus, aliud dicitur*. Welcher andere Schluss wäre hier zu erwarten?

93 text

Martial
11,39

An den Erzieher Charidemus

Cunarum[1] fueras motor, Charideme, mearum
et pueri custos assiduusque[2] comes.
Iam mihi nigrescunt tonsa[3] sudaria[4] barba
et queritur labris[5] puncta puella meis.
Sed tibi[6] non crevi: Te noster vilicus[7] horret,
te dispensator[8], te domus ipsa pavet[9].
Ludere nec nobis nec tu permittis amare,
nil mihi vis et vis cuncta licere tibi.
Corripis[10], observas, quereris, suspiria[11] ducis,
et vix a ferulis[12] temperat ira tua.
Si Tyrios[13] sumpsi cultus unxive capillos,
exclamas: „Numquam fecerat ista pater."
Et numeras nostros astricta[14] fronte trientes[15],
tamquam[16] de cella sit cadus[17] ille tua.
Desine! Non possum libertum ferre Catonem[18]:
Esse virum iam me dicet amica tibi.

1 **1 cunae**, -arum: Wiege **2 assiduus**: ständig **3 tondeo** 2, totondi, tonsus: scheren **4 sudaria**, -orum: h. das Tuch, das man sich beim Rasieren umhängte **5 labrum**: Lippe

5 **6 tibi**: für dich, in deinen Augen **7 vilicus**: Verwalter **8 dispensator:** Wirtschafter **9 paveo** 2: fürchten **10 corripio** 3M: tadeln **11 suspirium**: Seufzer

10 **12 ferula**: Rute **13 Tyrios ... cultus**: (purpurfarbenes) Gewand aus Tyros in Phönikien **14 astrictus**: gerunzelt **15 triens**: Becher (der drei Schöpfer fasst) **16 tamquam**: als ob **17 cadus**: Krug

15 **18 Catonem**: als einen Cato (der Inbegriff altrömischer Sittenstrenge)

■ **Vertiefung**
Ist das Epigramm ein Stück Selbstbiografie? Was spricht dagegen?

94 text

Martial
11,64

Die Korrespondenz des Faustus

Nescio, tam multis quid scribas, Fauste, puellis:
Hoc scio, quod scribit nulla puella tibi.

■ **Kommentar**
2 Ob **quod scribit** ein Relativsatz ist oder statt eines AcI steht, ist nicht zu entscheiden, da um 100 n. Chr. quod-Sätze den AcI zu verdrängen beginnen. Bei Martial wäre das allerdings das einzige Beispiel.

■ **Vertiefung**

1 Was bleibt unausgesprochen, wenn man *quod* als Einleitung eines Relativsatzes versteht? Bei welcher Auffassung des *quod* erscheint dir das Epigramm pointierter?

2 Zum Vergleich: **Lessing, 20. Sinngedicht**
Weiß ich's, was Rufus mag so viel Gelehrten schreiben?
Dies weiß ich, dass sie ihm die Antwort schuldig bleiben.
Wie verstand Lessing das *quod*?

95 text

Martial
11,67

Der geizige Maro

Nil mihi das vivus. Dicis post fata[1] daturum[2].
Si non es stultus[3], scis, Maro, quid cupiam.

1 fata statt *mortem* (Euphemismus) **2 daturum** sc. te **3 stultus**: blöd

■ **Vertiefung**
Was hat das Epigramm bezüglich der Pointe mit 1,10 (➤ T 33, S. 48) gemeinsam?

96 text

Martial
11,68

Falsche Bescheidenheit

Parva rogas magnos, sed non dant haec quoque magni.
Ut pudeat[1] levius[2] te, Matho[3], magna roga!

1 pudet me: ich schäme mich **2 levius** = minus **3 Matho** ist ein sprechender Name: griech. „Anfänger"

97 text

Martial
11,77

Versmaß: jambischer Senar (6 Jamben)

Vacerras wahres Motiv

In ómnibús Vacérra[1] quód[2] conclávibús[3]
consumit horas et die toto sedet,
cenaturit[4] Vacerra, non cacaturit[5].

1 Vacerra: sprechender Name: (eingeschlagener) Pflock **2 quod**: was das betrifft, dass ... = wenn **3 conclave**, -is: Klosett **4 cenaturio** 4: die Einladung zu einer *cena* haben wollen **5 cacaturio** 4: kacken wollen

■ **Kommentar**
3 **cenaturio** und **cacaturio** sind ad hoc gebildet (und wurden literarisch nicht nachgeahmt); auf *-urio* werden Verba gebildet, die ein Wollen ausdrücken: sog. Desiderativa, vgl. *essurio* = essen wollen, hungrig sein.

■ **Vertiefung**
Welche Figur unterstreicht die Pointe?

98 text

Martial
11,100

Versmaß: Hinkjamben

Mein Frauenideal

Habére amícam nólo, Flácce, súbtílem[1],
cuius lacertos[2] anuli[3] mei cingant,
quae clune[4] nudo radat[5] et genu[6] pungat[7],

1 **1 subtilis**: h. zu zart **2 lacertus**: Oberarm **3 anulus**: Ring **4 clunis**, -is m.: Hintern **5 rado** 3: kratzen **6 genu**, -us: Knie **7 pungo** 3: stechen

cui serra[8] lumbis[9], cuspis[10] eminet culo[11].
Sed idem amicam nolo mille librarum[12].
Carnarius[13] sum, pinguiarius[14] non sum.

8 serra: Säge **9 lumbus**: Lende (lumbis abl. sep. zu eminet) **10 cuspis**, -idis: Spieß **11 culus**: Hintern
5 **12 libra**: Pfund (0,327 kg) **13 carnarius**: Liebhaber des Fleisches **14 pinguiarius**: Liebhaber des Fettes (ad hoc gebildet)

■ **Vertiefung**
Was haben die Pointen dieses und des vorigen Epigramms gemeinsam?

99 text

Martial
11,102

Mach den Mund nicht auf!

Non est mentitus[1], qui te mihi dixit habere
formonsam carnem[2], Lydia, non faciem.
Est ita, si taceas et si tam muta[3] recumbas[4],
quam silet in cera[5] vultus et in tabula[6].
Sed quotiens loqueris, carnem quoque, Lydia, perdis,
et sua plus nulli quam tibi lingua nocet.
Audiat aedilis[7] ne te videatque, caveto!
portentum[8] est, quotiens coepit imago[9] loqui.

1 **1 mentior** 4: lügen **2 caro**, carnis f.: Fleisch, h. Körper **3 mutus**: engl. mute **4 recumbo** 4: sich hinlegen **5 cera**: h. Wachsbüste **6 tabula**: h. Gemälde
5 **7 aedilis** ➤ K **8 portentum**: (göttliches) Wunderzeichen **9 imago**: h. Götterstatue

■ **Kommentar**
7 Der **Ädil** musste auf alle Wunderzeichen achten und ihre Bedeutung ergründen.

100 text

Martial
11,103

Der biedere Safronius

Tanta tibi est animi probitas[1] orisque, Safroni,
ut mirer fieri te potuisse patrem.

1 probitas: Anständigkeit, Rechtschaffenheit

101 text

Martial
12,12

Pollios leere Versprechungen

Omnia promittis, cum tota nocte bibisti.
Mane[1] nihil praestas[2]. Pollio, mane bibe!

1 mane: am Morgen
2 praesto 1: (ein Versprechen) halten

102 text

Martial
12,39

Bellus Sabellus

Odi te, quia bellus es, Sabelle.
Res est putida[1], bellus et Sabellus.
Bellum denique[2] malo quam Sabellum:
Tabescas[3] utinam, Sabelle belle!

1 putidus: faul (riechend), widerlich
2 denique: immer noch
3 tabesco 3: verfaulen

■ **Vertiefung**

1 Welche phonetische Figur (➤ Anhang 2, S. 118) beherrscht das Epigramm?

2 Welche Doppeldeutigkeit steckt im dritten, welche (bei entsprechender Beistrichsetzung) im vierten Vers?

103 text

Martial
12,42

Callistratus und Afer heiraten

Barbatus rigido[1] nupsit Callistratus Afro
hac[2], qua lege viro nubere virgo solet.
Praeluxere[3] faces[4], velarunt[5] flammea[6] vultus,
nec tua defuerunt verba, Talasse[7], tibi.
Dos[8] etiam dicta est. Nondum tibi, Roma, videtur
hoc satis? Expectas numquid[9], ut et pariat?

1 **1 rigidus**: steif, hart, h. bärtig (der Dativ bei *nubere* sonst von der Heirat der Frau) **2 hac** sc. lege **3 prae-luceo** 2: voranleuchten **4 fax**: (Hochzeits-)Fackel **5 velo** 1: verhüllen **6 flammeum**: (feuerfarbener) Brautschleier **7 Talassus**: Hochzeitsgott (der angerufen wird)
5 **8 dos**, dotis f.: Mitgift **9 numquid** = num

■ **Kommentar**

1 barbatus macht deutlich, dass es sich hier nicht um die in der Antike gesellschaftlich akzeptierte Liebe zu einem halbwüchsigen Knaben handelt, sondern um die als pervers empfundene Beziehung zwischen erwachsenen Männern. Eine Hochzeit zwischen Männern erwähnen auch Tacitus („*Annales*“ 15,37: Nero und der Freigelassene Pythagoras) und Sueton („*Caligula*“ 24,3; 36,1).

■ **Vertiefung**

In welchem Wort erreicht die Verspottung ihren Höhepunkt?

104 text

Martial
12,58

Alauda und seine Frau

Ancillariolum[1] tua te vocat uxor et ipsa
lecticariola[2] est: Estis, Alauda, pares.

1 ancillariolus: einer, der hinter Sklavinnen her ist, Schürzenjäger **2 lecticariola**: eine, die hinter Sänftenträgern, d. h. kräftig gebauten Sklaven, her ist (ad hoc-Bildung um der Pointe willen)

■ **Vertiefung**

Was hat das Epigramm mit 11,77 (➤ T 97, S. 73) und 11,100 (➤ T 98, S. 73 f.) gemeinsam?

105 text

Martial 12,61

Unbegründete Furcht

Versus et breve vividumque carmen
in te ne faciam, times, Ligurra,
et dignus cupis hoc metu videri.
Sed frustra metuis cupisque frustra:
In tauros Libyci ruunt leones,
non sunt papilionibus[1] molesti.
Quaeras, censeo, si legi laboras[2],
nigri fornicis[3] ebrium[4] poetam,
qui carbone[5] rudi[6] putrique[7] creta[8]
scribit carmina, quae legunt cacantes.
Frons haec stigmate[9] non meo notanda est.

5 **1 papilio**: Schmetterling **2 laboro** 1: sich bemühen **3 fornix**, -icis m.: Gewölbe (h. einer öffentlichen Toilette) **4 ebrius**: betrunken **5 carbo**: Kohle **6 rudis**: h. ungelenk **7 puter**, -tris, -e: trocken, brüchig **8 creta**: Kreide

10 **9 stigma**, -atis n. (griech.): Zeichen (eigtl. Brandmal der Sklaven)

Vertiefung

Inwiefern ist das Epigramm ein Widerspruch in sich?

Teil VIII

C. SUETONIUS TRANQUILLUS (geb. ca. 70 n. Chr.)

Sueton verfasste Biografien der ersten zwölf Kaiser (von Caesar bis Domitian).

106 text

Sueton,
Claudius 32

Claudius als Gastgeber

Convivae[1], qui pridie[2] scyphum[3] aureum subripuisse[4] existimabatur, revocato in diem posterum calicem[5] fictilem[6] apposuit.
Dicitur etiam meditatus[7] edictum[8] , quo veniam daret flatum[9] crepitumque[10] ventris[11] in convivio emittendi, cum periclitatum[12] quendam prae[13] pudore ex continentia[14] repperisset[15].

1 **1 conviva**, -ae m.: Teilnehmer eines Gelages, Gast **2 pridie** = priore die **3 scyphus**: Becher **4 subripio** 3M: stehlen **5 calix**: Becher **6 fictilis**: aus Ton **7 meditatus** sc. esse: daran denken **8 edictum**: subst.! 5 **9 flatus**, -us: leiser Furz **10 crepitus**, -us: lauter Furz **11 venter**, ventris: Bauch **12 periclitor** 1: in Todesgefahr sein, periclitatum sc. esse **13 prae**: h. aus **14 continentia**: Zurückhaltung **15 reperio** 4: h. erfahren

*Abb. 13: **Kaiser Claudius** (41–54; Kopf einer Bronzestatue, British Museum)*

107 text

Sueton,
Nero 28

Nero und seine „Braut“

Puerum Sporum exsectis[1] testibus[2] etiam in muliebrem naturam[3] transfigurare[4] conatus cum dote[5] et flammeo[6] per sollemnia[7] nuptiarum celeberrimo[8] officio[9] deductum[10] ad se pro uxore habuit, exstatque[11] cuiusdam non inscitus[12] iocus bene agi[13] potuisse cum rebus humanis, si Domitius pater talem habuisset uxorem.

1 **1 exseco** 1, exsecui, exsectum: herausschneiden **2 testis**: Hoden **3 naturam**: h. Wesen **4 tranfiguro** 1: verwandeln **5 dos**, dotis: Mitgift **6 flammeum**: (feuerroter) Brautschleier **7 sollemnia nuptiarum**: Hochzeitsfeier **8 celeber**: festlich **9 officium**: h. Zeremonie **10 deduco** 3: ins Haus führen 5 **11 exstat**: es gibt **12 inscitus**: ungeschickt **13 bene agitur**: es steht gut

*Abb. 14: **Kaiser Nero** (54–68; Rom, Thermenmuseum)*

107 Kommentar

Sueton, Nero 28

Nero war der Sohn des Cn. **Domitius** Ahenobarbus und der jüngeren Agrippina, der Urenkelin des Augustus.

107 Vertiefung

Die Pointe liegt, wie so oft, im Unausgesprochenen: Was bleibt unausgesprochen?

108 Text

Sueton, Vespasian 22 f.

Witze des Kaisers

Nonnulla eius facetissima[1] exstant[2], in quibus et haec: Mestrium Florum consularem[3], admonitus ab eo „plaustra“[4] potius quam „plostra“ dicenda[5], postero die „Flaurum“ salutavit.

Expugnatus[6] autem a quadam, quasi[7] amore suo[8] deperiret[9], cum pro concubitu[10] sestertia[11] quadringenta donasset, admonente dispensatore[12], quemadmodum summam[13] rationibus[14] vellet inferri: „Vespasiano“, inquit, „adamato“[15].

Reprehendenti[16] filio Tito, quod etiam urinae vectigal[17] commentus[18] esset, pecuniam ex prima pensione[19] admovit ad nares[20] sciscitans[21], num odore offenderetur, et illo negante: „Atqui[22]“, inquit, „e lotio[23] est.“

Ne in metu quidem ac periculo mortis extremo abstinuit iocis ... Prima morbi accessione[24]: „Vae“, inquit, „puto deus fio.“

***Abb. 15: Kaiser Vespasian** (69–79; Rom, Thermenmuseum)*

1 **1 facetus**: witzig, facetissima sc. verba **2 exstant**: es gibt **3 consularis**: ehemaliger Konsul **4 plaustrum**: Wagen ➤ K **5 dicenda** sc. esse

5 **6 expugno**: h. im erotischen Sinn: erobern, gewinnen **7 quasi**: als ob: „die vorgab ...“ **8 suo** (statt gen. obi.): zu ihm **9 de-per-eo**: zugrunde gehen **10 concubitus**: Beischlaf **11 sestertium**, -i: statt sestertius, -i **12 dispensator**: Buchhalter **13 summam**: subst.! **14 ratio**: h. Rechnungsbuch **15 ad-amo** 1: sehr lieben

10 **16 reprehendo** 3: einen Vorwurf machen **17 vectigal**, -alis n.: Steuer **18 comminiscor** 3, commentus sum: ausdenken, ersinnen **19 pensio**: Zahlung **20 naris**, -is: Nasenloch, pl. Nase **21 sciscitor** 1: fragen **22 atqui**: und doch **23 lotium**: Urin

15 **24 accessio**: Anfall

108 Kommentar

2 **C. Mestrius Florus**, ein philosophisch gebildeter Freund Vespasians, trat für eine Rückkehr zur Sprache der Klassiker, vor allem Ciceros, ein.

3 **plaustrum**: In der Umgangssprache war schon in klassischer Zeit „au" zu „o" geworden: vgl. Claudius – Clodius und die roman. Sprachen *(taurus* – toro). Den misslungenen Versuch, „städtisch" vornehm *(urbane)* statt im Dialekt zu reden, nennt man „Hyperurbanismus" oder „Hyperkorrektur". Vespasian ahmt das witzig und selbstironisch nach.

6 **sestertia quadringenta**: Dagegen verkauften sich in Rom die billigsten Prostituierten um einen As!

10 **urinae**: Mietshäuser hatten keine Toiletten; der Urin wurde von den Nachttöpfen in einen Behälter unter der Stiege entleert und von den Gerbern gesammelt

17 **deus fio**: Verstorbene Kaiser wurden meist als Götter verehrt *(Divus Iulius, Divus Augustus* etc.).

108 Vertiefung

1 Gib Beispiele für den Wandel von „au" zu „o" in romanischen Sprachen.

2 Welches noch heute gängige Sprichwort bezieht sich auf Vespasians Urinsteuer?

Teil IX

AULUS GELLIUS (2. Jh. n. Chr.)

Aulus Gellius studierte Rhetorik und wurde zum Richter in Privatprozessen ernannt. Ein ganzes Jahr verbrachte er in Athen, und weil er dort „in den langen Winternächten“ allerlei *commentationes* (Abhandlungen) zur Geschichte, Philosophie, Rechtswissenschaft etc. hörte, nannte er deren Sammlung in 20 Büchern ***„Noctes Atticae“***. (Erhalten sind die Bücher 1–7 und 9–20.)

109 text

Gellius, Noctes Atticae 1,19

Die sibyllinischen Bücher

In antiquis annalibus[1] memoria[2] super[3] libris Sibyllinis haec prodita est: Anus[4] hospita[5] incognita ad Tarquinium Superbum[6] regem adiit novem libros ferens, quos esse dicebat divina oracula: Eos velle venundare[7]. Tarquinius pretium percontatus est[8]. Mulier nimium atque immensum poposcit. Rex, quasi anus aetate desiperet[9], derisit.

Tum illa foculum[10] coram[11] cum igni apponit, tres libros ex novem deurit et, ecquid[12] reliquos sex eodem pretio emere vellet, regem interrogavit. Sed Tarquinius id multo risit magis dixitque anum iam procul[13] dubio delirare. Mulier ibidem statim tres alios libros exussit[14] atque id ipsum denuo[15] placide[16] rogat, ut tres reliquos eodem illo pretio emat.

Tarquinius ore iam serio[17] atque animo attentiore fit, eam constantiam confidentiamque[18] non insuper[19] habendam intellegit, libros tres reliquos mercatur[20] nihilo minore pretio, quam quod erat petitum pro omnibus. Sed eam mulierem tunc a Tarquinio digressam postea nusquam loci visam constitit. Libri tres in sacrarium[21] conditi[22] „Sibyllini“ appellati. Ad eos quasi ad oraculum quindecimviri[23] adeunt, cum dei immortales publice consulendi sunt.

1 **1 annales**: Jahrbücher **2 memoria**: h. Begebenheit **3 super** = de **4 anus**, -us: alte Frau **5 hospitus**: fremd **6 Tarquinius Superbus** ➤ K

5 **7 venun-do** 1: „zum Verkauf geben“, verkaufen **8 percontor** 1: nach etw. fragen **9 de-sipio** 3M: verrückt sein

10 **10 foculus**: „kleiner Herd“, Metallbecken **11 coram**: h. an Ort und Stelle **12 ecquid** = num: ob

15 **13 procul** = sine **14 ex-uro** 3, exussi, exustum: verbrennen **15 de-nuo** (aus de-novo): von neuem, wiederum **16 placidus**: ruhig **17 serius**: ernst

20 **18 confidentia**: Zuversicht **19 insuper habere**: für bedeutungslos halten **20 mercor** 1: kaufen

25 **21 sacrarium**: Innenraum des Tempels (der Öffentlichkeit unzugänglich) ➤ K **22 condo** 3: aufbewahren (im Lat. mit einer Wohin-Bestimmumg) **23 quindecimviri** ➤ K

109 kommentar

Gellius, Noctes Atticae 1,19

1 libri Sibyllini: Die Bücher, eine Sammlung von Ritualvorschriften, sind nach der Wahrsagerin Sibylle benannt, die in einer Grotte an der Küste von Cumae (griech. Kyme) bei Neapel gehaust haben soll. Ihr hohes Alter war sprichwörtlich: Sie soll schon Aeneas geweissagt und ihn in die Unterwelt geführt haben.

3 Tarquinius Superbus war der letzte etruskische König von Rom; er wurde 510 v. Chr. (nach röm. Tradition) bzw. 490 (nach der modernen Datierung) vertrieben.

26 sacrarium: Die Bücher wurden im Tempel auf dem Kapitol aufbewahrt und verbrannten mit diesem i. J. 83 v. Chr. Ersatz wurde an verschiedenen Orten des Mittelmeerraums gesucht (es gab viele Sibyllen), in Erythrai (Kleinasien) gefunden und von Augustus 12 v. Chr. im Apollotempel auf dem Palatin deponiert, vom Kollegium der **quindecimviri** (15 Männer) gehütet, auf Senatsbeschluss bis in die Kaiserzeit (zuletzt 363 n. Chr.) befragt und 408 vom christlichen Reichsfeldherrn Stilicho verbrannt.

Abb. 16: Zugang zur Grotte der Sibylle (links; rechts Ausblicke auf das Meer)

110 text

Gellius, Noctes Atticae 1,23,4–13

Der schlaue Papirius

Mos antea senatoribus Romae fuit in curiam cum praetextatis[1] filiis introire. Tum, cum in senatu res maior consultata[2] eaque in diem posterum prolata[3] est placuitque[4], ut[5] eam rem, super[6] qua tractavissent[7], ne quis enuntiaret, priusquam decreta esset, mater Papirii pueri, qui cum parente suo in curia fuerat, percontata[8] est filium, quidnam in senatu patres egissent. Puer respondit tacendum esse neque id dici licere. Mulier fit audiendi cupidior: Secretum[9] rei et silentium pueri animum eius ad inquirendum[10] everberat[11]: Quaerit igitur compressius violentiusque.

Tum puer matre urgente lepidi[12] atque festivi[13] mendacii[14] consilium capit. Actum[15] in senatu dixit, utrum videretur utilius

1 praetextatus ➤ K **2 consulto** 1: beraten **3 profero**: aufschieben, vertagen **4 placet**: man beschließt

5 ut ... ne quis = ne quis **6 super** = de **7 tracto** 1: verhandeln **8 percontor** 1: ausfragen

9 secretum: h. Verheimlichung **10 inquiro** 3: nachforschen, nachfragen **11 everbero** 1: reizen

12 lepidus: fein **13 festivus**: festlich, h. lustig **14 mendacium**: Lüge **15 actum** sc. esse

Abb. 17: Die **Curia** *(Senatsgebäude) auf dem* Forum Romanum

exque[16] re publica esse, unus ut duas uxores haberet, an ut una apud duos nupta esset. Hoc illa ubi audivit, animus conpavescit[17], domo trepidans[18] egreditur ad ceteras matronas. Pervenit ad senatum postridie matrum familias[19] caterva[20]: Lacrimantes atque obsecrantes[21] orant, una potius[22] ut duobus nupta fieret quam ut uni duae. Senatores ingredientes in curiam, quae illa mulierum intemperies[23] et quid sibi[24] postulatio ista vellet, mirabantur. Puer Papirius in medium curiae progressus, quid mater audire institisset[25], quid ipse matri dixisset, rem, sicut fuerat, denarrat. Senatus fidem atque ingenium pueri exosculatur[26], consultum facit, uti posthac pueri cum patribus in curiam ne introeant praeter ille unus Papirius, atque puero postea cognomentum[27] honoris gratia[28] inditum[29] „Praetextatus" ob tacendi loquendique in aetate praetextae prudentiam.

16 ex re publica: zum Nutzen des Staates

17 conpavesco 3 (intr.): erschrecken **18 trepido** 1: h. aufgeregt sein **19 familias**: alter Gen. **20 caterva**: Schar **21 obsecro** 1: beschwören, anflehen

22 potius (adv.): eher, lieber **23 intemperies**, -ei f.: Unbeherrschtheit **24 quid sibi vult?** Was hat zu bedeuten?

25 insisto 3, institi: drängen **26 ex-osculor** 1: besonders loben

27 cognomentum = cognomen **28 gratia** (= causa nach Gen.): wegen **29 inditum** = datum

110 kommentar

Gellius,
Noctes Atticae 1,23,4–13

2 **praetextatus**: mit purpurgesäumter Toga: Diese *toga praetexta* trugen junge Römer bis zum 17. Lebensjahr, danach die *toga virilis* (Männertoga).

110 vertiefung

1 Welche zwei Aitia gibt diese Anekdote? – Ein Aition (griech.: „Ursprung, Ursache“) erklärt die Herkunft eines Namens oder Brauches.

2 Für eine römische Frau galt das Ideal der *univira*, d. h. nur einen Mann gehabt zu haben. Wo wird dieses Ideal hier ironisiert?

111 text

Gellius,
Noctes Atticae 12,12,2–4

Eine schlaue Ausrede

Cicero, cum emere vellet in Palatio domum et pecuniam in praesens non haberet, a P. Sulla[1], qui tum reus erat, mutua[2] sestertium[3] vicies[4] tacita accepit. Ea res tamen, priusquam emeret, prodita est et in vulgus exivit[5], obiectumque[6] ei est, quod pecuniam domus emendae causa a reo accepisset. Tum Cicero inopinata[7] obprobatione[8] permotus accepisse se negavit ac domum quoque se empturum negavit atque „Adeo[9]“, inquit, „verum sit[10] accepisse me pecuniam, si domum emero.“
Sed cum postea emisset et hoc mendacium[11] in senatu ei ab amicis obiceretur, risit satis atque inter ridendum „Dementes“, inquit, „homines estis, cum ignoratis prudentis et cauti[12] patris familias[13] esse, quod emere velit, empturum esse negare propter competitores emptionis.“

1 **1 Sulla** ➤ K **2 mutuus**: wechselseitig, h. Darlehen (subst. n. pl.)
3 sestertium: alter Gen. pl. **4 vicies**: 20-mal, sc. centena milia

5 **5 exivit** = exiit **6 obicio** 3M: vorwerfen **7 inopinatus**: unerwartet **8 obprobatio**: Vorwurf

10 **9 adeo**: eben (dann) **10 sit**: coni. pot. **11 mendacium**: Lüge

15 **12 cautus**: vorsichtig **13 familias**: alter Gen.

111 kommentar

Gellius,
Noctes Atticae 12,12,2–4

3 **P. Sulla** war der Neffe des Diktators Sulla (Gegner des Marius im Bürgerkrieg). Er wurde der Teilnahme an der Verschwörung Catilinas (64/63) angeklagt und von Cicero mit Erfolg verteidigt.

111 Vertiefung

Wie ist Ciceros Rechtfertigung zu beurteilen?

112 text

Gellius, Noctes Atticae 20,1,13

Ohrfeigen gegen Barzahlung

L. Veratius fuit homo egregie inprobus atque immani vecordia[1]. Is pro delectamento[2] habebat os hominis liberi palma[3] sua verberare[4]. Eum servus sequebatur ferens crumenam[5] plenam assium. Ut quemque depalmaverat[6], numerari[7] statim secundum[8] duodecim tabulas[9] quinque et viginti asses iubebat. Propterea praetores postea hanc legem sustulerunt iniuriisque aestimandis[10] iudices se daturos edixerunt.

1 **1 vecordia**: Verrücktheit **2 delectamentum**: Vergnügen **3 palma**: Hand(fläche) **4 verbero** 1: schlagen

5 **5 crumena**: Geldbeutel **6 de-palmo** 1: ohrfeigen **7 numero** 1: zahlen **8 secundum** (+ acc.): gemäß **9 duodecim tabulae**: Zwölf-Tafel-Gesetze

10 **10 aestimo** 1: abschätzen, beurteilen

112 kommentar

Gellius, Noctes Atticae 20,1,13

7 Die **duodecim tabulae** waren die älteste Rechtsaufzeichnung der Römer (451 und 450 v. Chr.).

7 f. **quinque et viginti asses** war nur für einen Reichen ein Bagatellbetrag: Für 30 Asse bekam man einen Scheffel (6 ½ kg) Weizen.

Teil X

AMBROSIUS THEODOSIUS MACROBIUS
(um 400 n. Chr.)

Das Hauptwerk des Macrobius sind die ***„Saturnalia“*** in sieben fragmentarisch erhaltenen Büchern: Am Saturnalienfest (17.–19. Dez.) versammeln sich gelehrte Senatoren und unterhalten sich vor allem über Vergil. Im 2. Buch geben sie Anekdoten und Witze Prominenter zum Besten.

113 text

Macrobius, Saturnalia 2,10

Mallius und seine Söhne

Apud L. Mallium, qui optimus pictor Romae habebatur, Servilius Geminus forte cenabat, cumque filios eius deformes[1] vidisset: „Non similiter“, inquit, „Malli, fingis[2] et pingis.“ Et Mallius: „In tenebris[3] enim fingo“, inquit, „luce pingo.“

1 deformis: verunstaltet, hässlich

2 fingo 3: h. zeugen **3 tenebrae**, -arum: Dunkelheit

113 Vertiefung

Mit welchen zwei Stilfiguren wird die Pointe verstärkt?

114 text

Macrobius, Saturnalia 3,2

Ein alter Falernerwein

M. Cicero cum apud Damasippum cenaret et ille mediocri[1] vino posito diceret: „Bibite Falernum hoc, annorum quadraginta est“, „bene“, inquit, „aetatem[2] fert.“

1 mediocris: (nur) mittelmäßig

2 aetas: h. Alter

115 text

Macrobius, Saturnalia 3,3

Ciceros Schwiegersohn

Idem[1] cum Lentulum, generum suum, exiguae[2] staturae hominem, longo gladio adcinctum[3] vidisset: „Quis“, inquit, „generum meum ad gladium adligavit?“

1 idem: näml. Cicero
2 exiguus: sehr klein
3 adcingo 3: gürten

116 text

Macrobius, Saturnalia 4,17

Augustus und der Schuldner

Relata ad se[1] magnitudine aeris alieni[2], quam quidam eques Romanus, dum vixit, excedentem[3] ducenties[4] celaverat[5], culcitam[6] emi cubicularem[7] in eius auctione sibi iussit et praeceptum[8] mirantibus hanc rationem[9] reddidit: „Habenda est ad somnum culcita, in qua ille, cum tantum deberet, dormire potuit."

1 **1 se**: Subj. ist Augustus **2 aes alienum**: Schulden **3 excedo** 3: übertreffen, übersteigen **4 ducenties**: 200-mal sc. centena milia **5 celo** 1: h. verschweigen **6 culcita**: Polster, Matratze **7 cubicularis**, -e: aus dem Schlafzimmer

5 **8 praeceptum**: Befehl **9 ratio**: h. Begründung

117 text

Macrobius, Saturnalia 4,19 f.

Augustus und sein Doppelgänger

Soleo in Augusto magis mirari, quos pertulit, iocos quam, ipse quos protulit, quia maior est patientiae quam facundiae[1] laus, maxime cum aequanimiter[2] aliqua etiam iocis mordaciora[3] pertulerit. Cuiusdam provincialis[4] iocus asper innotuit[5]. Intraverat Romam quidam simillimus Caesari[6] et in se omnium ora converterat. Augustus perduci ad se hominem iussit visumque hoc modo interrogavit: „Dic mihi, adulescens, fuit aliquando mater tua Romae?" Negavit ille nec contentus[7] adiecit: „Sed pater meus saepe."

1 **1 facundia**: Redegewandtheit, Schlagfertigkeit **2 aequanimis**: mit Gleichmut

5 **3 mordax**: beißend, boshaft **4 provincialis**: Provinzbewohner **5 innotesco** 3, innotui: bekannt werden **6 Caesari** = Augusto

10 **7 contineo** 2: zurückhalten, (med.:) sich z.

Abb. 18: Kaiser Augustus *(27 v.–14 n. Chr.; Rom, Kapitolinisches Museum)*

Teil XI

LATEINISCHE DICHTUNG DES MITTELALTERS

Das Latein des Mittelalters (ca. 500–1500 n. Chr.) war als „Vatersprache des Mittelalters" die Sprache der Kirche, der Wissenschaften, der Diplomatie und auch – neben den Nationalsprachen – der Literatur, der Prosa ebenso wie der Dichtung. In der Formenlehre weitgehend identisch mit dem antiken Latein, entwickelte sie in der Syntax und besonders im Wortschatz viel Neues und passte sich so den Bedürfnissen einer neuen Welt an.

Am Anfang der lateinischen Dichtung des Mittelalters stehen christliche Hymnen. Dann entstehen in enger Beziehung zu den erwachenden Nationalliteraturen (Heldenepen wie das Hildebrandslied, vor 800) lateinische Epen (Walthariusdichtung mit der Sage von Walther und Hildegund) und schließlich im 10. Jh. auch **weltliche lateinische Lyrik**. Sie erreicht im **12. Jh.** mit den sog. **Vagantenliedern** ihren Höhepunkt. Vaganten (von *vagari* umherziehen) ziehen als fahrende Sänger weit umher. Sie begleiten ihre Lieder selbst auf der Laute oder Harfe oder haben einen Musiker bei sich. Die meisten dieser Vaganten sind *clerici*: So heißen alle, die eine Dom- oder Klosterschule absolviert haben, in der an Hand von klassischen Autoren Dichtkunst als Unterrichtsfach gelehrt wird. Um ihre Bildung zu vervollkommnen, strömen sie in die neu gegründeten Hochschulen: nach Bologna, um die Rechte, nach Salerno, um Medizin, nach Paris, um Theologie zu studieren. 30.000 Studenten sollen sich damals in Paris aufgehalten haben. Viele von ihnen bekommen nach Beendigung ihres Theologiestudiums kein kirchliches Amt und ziehen an die Bischofs- und Fürstenhöfe, um für ihre selbst gedichteten oder entsprechend variierten Lieder Unterkunft und Verpflegung zu erbitten.

In einer Zeit allgemeiner Verunsicherung (Auseinandersetzung zwischen Papsttum und Kaisertum, Kriege, Kreuzzüge, Seuchen) schaffen sich die Vaganten als soziale Außenseiter eine **„Gegenwelt"**, die sie aufgrund ihrer Bildung mit Hilfe der antiken Mythologie darstellen: Venus, Amor und Bacchus, nach christlicher Auffassung heidnische Dämonen, werden bei ihnen wieder zu Göttern, zu Symbolfiguren des Lebensgenusses, der unter dem Motto „Wein, Weib und Würfelspiel" steht. Dazu kommt die häufige Kritik am etablierten Klerus, die von Klagen über den Geiz bis zu derbstem Spott reicht.

Wie viele der meist anonym überlieferten Vagantenlieder von echten „Vaganten" *(clerici vagantes* oder kurz *vagi* genannt) stammen, ist umstritten; aber es steht fest, dass zu ihren Autoren auch Studenten mit festem Studienort sowie geachtete Hofpoeten, Schulleiter und Professoren gehören, deren Namen bzw. Künstlernamen wir z. T. kennen.

Die umfangreichste Sammlung von Vagantengedichten entstand zwischen 1220 und 1250 in Seckau (Steiermark) oder Maria Saal oder in Südtirol und gelangte in das bayrische Benediktinerkloster Benediktbeuern – daher ihr Name ***„Carmina Burana"*** (CB); heute in der Bayerischen Staatsbibliothek in München. Viele Gedichte sind mit linienlosen Notenzeichen (sog. Neumen) versehen, die nur die Melodieführung, aber nicht die Tonschritte erkennen lassen. **Carl Orff** hat (ohne Rückgriff auf jene Neumen) 23 der Carmina Burana als „szenische Kantate" vertont (1937).

Zu den **Formen**: Zu unterscheiden sind die selteneren „metrischen", d.h. nach antikem Vorbild Längen und Kürzen „messenden", von den weitaus häufigeren **rhythmischen** Formen: Hier werden die Wörter (meist) so gesetzt, dass durch ihre **Prosabetonung** ein regelmäßiger Rhythmus entsteht, der trochäisch (betont – unbetont, also „fallend") oder jambisch (unbetont – betont, also „steigend“) sein kann. Wenn die Betonung auf die drittletzte Silbe fällt, hat oft die letzte (anders als in der Prosa) eine zweite Betonung. – Die rhythmischen Gedichte sind meist **gereimt**, seit etwa 1100 fast immer zweisilbig. Die mittelhochdeutsche Dichtung hat von den Vagantengedichten den Endreim übernommen.

Die **Wurzeln des Reims** liegen:

1. in der religiösen Sprache, wo er magisch-bannende Bedeutung hatte;
2. in der antiken Dichtung (schon Ovid reimt in 11 % seiner Pentameter die Wörter vor der Diärese und am Ende) und Rhetorik (in ihr ist der Reim seit dem Sophisten Gorgias eine Stilfigur);
3. im Hebräischen, dessen literarische Formen über das Christentum die lateinische Dichtung beeinflussten;
4. im Arabischen: aus diesem Einfluss erklärt man den besonders in Spanien und Frankreich häufigen „Tiradenreim“, der sich über ein ganzes Gedicht „hinzieht“ (von ital. tirare = lat. *trahere*).

Zur **Textgestaltung**: Zur leichteren Verständlichkeit wird die mittelalterliche, der damaligen Aussprache angepasste Schreibweise (*femine* statt *feminae, ceperunt* statt *coeperunt, eciam* statt *etiam, pulcram* statt *pulchram*) durch die klassische Schreibung ersetzt.

Abb. 19: Spiel- und Trinkszene aus den „Carmina Burana“

HUGO VON ORLÉANS (ca. 1095–1160)

Hugo von Orléans war Lehrer der Dichtkunst. Mit bissigen Satiren auf den Geiz des Klerus und Wein- und Spielerliedern wurde er rasch bekannt und nannte sich selbstbewusst „Primas“, d. h. Erster (unter den Dichtern). Mit der Aggressivität seiner Gedichte machte er sich immer wieder Feinde, sodass er noch im Alter auf die Mildtätigkeit eines Klosters angewiesen war, die er sich aber ebenfalls verscherzte. So blieb er trotz seines Ruhmes echter „Vagant“ und sozialer Außenseiter. Seine Gedichte sind von großer formaler Raffinesse.

118 text

Hugo von Orléans
ed. W. Meyer: Die Oxforder Gedichte des Primas Magister H. v. O., Darmstadt (WBG) 1970, S. 115

Versmaß: metrisch, sog. „leoninische“ Hexameter

Zwei „Mantelgedichte“

I Pontificum[1] spuma[2], faex[3] cleri, sordida[4] struma[5],
qui dedit in bruma[6] mihi mantellum sine pluma[7]!

II „Hoc indumentum[1] tibi quis dedit? An fuit emptum?
Estne tuum?“ – „Nostrum[2]. Sed qui dedit, abstulit ostrum[3]“.
„Quis dedit hoc munus?“ – „Praesul[4] mihi praebuit unus.“
„Qui dedit hoc munus, dedit hoc in munere funus.
Quid valet in bruma chlamys[5] absque[6] pilo[7], sine pluma?
Cernis adesse nives[8], moriere[9] gelu[10] neque vives.“

I 1 pontifex: h. Bischof **2 spuma**: (Ab-)Schaum **3 faex**: Hefe, Bodensatz **4 sordidus**: schmutzig; geizig **5 struma**: Kropf **6 bruma**: Winterfrost **7 pluma**: Flaum
II 1 1 indumentum: Kleidungsstück **2 nostrum** sc. est **3 ostrum**: h. Pelz **4 praesul**: Bischof **5 5 chlamys**: Mantel **6 absque** = sine **7 pilus**: Haar **8 nix**, nivis: Schnee **9 moriere** = morieris **10 gelu**, -us: Frost

Abb. 20: Übergabe eines Mantels *(Flämische Handschriftenillustration zur französischen Übersetzung von Boccaccios „Decamerone“, ca. 1430)*

118 Kommentar

Hugo von Orléans

„Leoninischer" Hexameter (benannt nach Papst Leo): mit Zäsur nach der 3. Hebung, also nach dem 5. Halbfuß *(caesura semiquinaria)* und Binnenreim vor dieser Zäsur und dem Versende; außerdem paarweise mit Endreim

Zur langen Tradition der Mantelgedichte vgl. Martial 6,82 (➤ T 79, S. 66).

118 Vertiefung

1 Welches der beiden Gedichte ist aggressiver?

2 Was hat das zweite Gedicht mit Martial 6,82 (➤ T 79, S. 66) gemeinsam?

119 Text

Hugo von Orléans
ed. J. Eberle: Psalterium profanum,
Zürich (Manesse-Bibl.) 1962, S. 160

Das Bier

Est labor hic[1] esse, cum sit potare necesse
potum[2] de messe[3], quam cónsuévimus esse[4].
Poto, sed invite: Probo pocula gentis avitae[5]:
vinum de vite[6], quia vitis ianua vitae.

1 hic: nämlich in England, wo sich Hugo vorübergehend aufhielt **2 potus**, -us: Getränk **3 messis**: Ernte, h. Getreide, Gerste **4 esse**: Inf. von edere: essen **5 avitus**: großväterlich, h. heimatlich **6 vitis**: Rebe

119 Kommentar

Hugo von Orléans

Versmaß wie T 118. Die Silben vor der Zäsur können kurz oder lang sein (sog. *syllaba anceps:* im klassischen Hexameter nur am Versende).

Der Wettstreit von Wein und Bier ist im Mittelalter ein beliebtes Thema.

4 vitis ianua vitae ist eine Anspielung auf Selbstaussagen Jesu im Johannesevangelium: *Ego sum vitis* (15,5) und *Ego sum ostium* (10,9).

119 Vertiefung

Welche drei phonetischen Figuren (➤ Anhang 2, S. 118) enthält V. 4?

ARCHIPOETA (ca. 1130–1167)

Ob das Pseudonym „Archipoeta" („Erzpoet", „Dichterfürst") ein verliehener Ehrentitel oder selbstironisches Eigenlob ist, wissen wir nicht. Wahrscheinlich spielt es auf den Titel seines Gönners, des Erzkanzlers *(archi-cancellarius)* Kaiser Friedrich Barbarossas und Erzbischofs *(archi-episcopus)* von Köln, Reinald von Dassel, an. Die zehn Gedichte aus der Sammlung der ***„Carmina Burana"***, die dem Archipoeta mit Sicherheit zugewiesen werden können, sind die einzige Quelle für seine Biografie. Er entstammte einem deutschen Rittergeschlecht, studierte Theologie und dann Medizin in Palermo. Eine Krankheit zwang ihn zur Rückkehr nach Deutschland, wo er dank seiner dichterischen Begabung den genannten hohen Gönner fand. Trotzdem erhielt er sich seine Unabhängigkeit, blieb zumindest geistig ein „Vagant", genoss die Freuden des Lebens und bekannte sich in seinen Gedichten dazu. Dies führte zu Spannungen und Intrigen gegen ihn, und als er 1163 Reinald, den erwählten Erzbischof von Köln, auf einer Reise nach Pavia begleitete, trug er dort zu seiner Rechtfertigung die **„Vagantenbeichte"** vor, das berühmteste und wohl beste lateinische Gedicht des Mittelalters, dessen poetische Brillanz aber nicht dazu verleiten sollte, den autobiografischen Gehalt zu überschätzen. Das Leitmotiv des seine Lebensweise rechtfertigenden Poeten ist ein „literarischer Kunstgriff zur intellektuellen Unterhaltung jener internationalen Gesellschaft in der Umgebung des Kaisers" (P. Dronke). – Der Archipoeta starb wahrscheinlich 1167 in Rom an der Malaria (oder Ruhr).

120 text

Archipoeta,
Carmen Buranum 191

Versmaß: sog. „Vagantenzeile": trochäischer Siebensilber (letzte Senkung fehlt) + trochäischer Sechssilber

Die Vagantenbeichte

1 Áestuáns[1] intrínsecús[2] íra véheménti
in amaritudine[3] loquar meae menti:
Factus de materia[4] levis elementi
folio[5] sum similis, de[6] quo ludunt venti.

2 Cum sit enim proprium viro sapienti
supra petram[7] ponere sedem fundamenti,
stultus ego comparor[8] fluvio labenti
sub eodem aëre numquam permanenti.

3 Feror ego veluti sine nauta navis,
ut per vias aëris vaga fertur avis.
Non me tenent vincula, non me tenet clavis[9],
quaero mei[10] similes et adiungor pravis.

4 Mihi cordis[11] gravitas[12] res videtur gravis,
iocus[13] est amabilis dulciorque favis[14].
Quidquid Venus imperat, labor est suavis[15]:
Quae numquam in cordibus habitat ignavis[16].

5 Via lata gradior[17] more iuventutis,
implico[18] me vitiis immemor virtutis,
voluptatis avidus magis quam salutis[19]
mortuus in anima curam gero cutis[20].

1 **1 aestuo** 1: auflodern, kochen **2 intrinsecus** (adv.): im Inneren **3 amaritudo**: Erbitterung **4 materia**: Stoff **5 folium**: Blatt **6 de**: um

5 **7 petra**: Felsen **8 comparor**: vergleiche mich

10 **9 clavis**: Schlüssel (ital. chiave) **10 mei**: Gen. zu similis, dt. Dat. **11 cor**, cordis n.: Herz, Gesinnung **12 gravitas**: Ernst **13 iocus**: h. das Scherzen **14 favus**: Honig(wabe)

15 **15 suavis**: dreisilbig zu lesen **16 ignavus**: träg, mutlos **17 gradior** 3M: gehen **18 implico** 1: verwickeln, verstricken **19 salus**: Seelenheil

20 **20 curam gero cutis**: trage Sorge um meine Haut = lasse es mir gut gehen

6 Praesul[21] discretissime[22], veniam te precor:
Morte bona morior, dulci nece necor:
Meum pectus sauciat[23] puellarum decor,
et quas tactu[24] nequeo[25], saltem[26] corde moechor[27].

7 Res est arduissima[28] vincere naturam,
in aspectu virginis mentem esse puram.
Iuvenes non possumus legem sequi duram
leviumque[29] corporum non habere curam.

8 Quis in igne positus igne non uratur?
Quis Papiae[30] demorans[31] castus[32] habeatur,
ubi Venus digito iuvenes venatur[33],
oculis illaqueat[34], facie[35] praedatur[36]?

9 Si ponas Hippolytum[37] hodie Papiae[38],
non erit Hippolytus in sequenti die.
Veneris in thalamos[39] ducunt omnes viae,
non est in tot turribus turris Alethiae[40].

10 Secundo[41] redarguor[42] etiam de ludo:
Sed cum ludus corpore me dimittit nudo[43],
frigidus exterius[44] mentis aestu[45] sudo[46].
Tunc versus et carmina meliora cudo[47].

11 Tertio capitulo memoro tabernam:
Illam[48] nullo tempore sprevi neque spernam,
donec[49] sanctos angelos venientes cernam
cantantes pro mortuis „Requiem aeternam“.

12 Meum est propositum[50] in taberna mori,
ut sint vina proxima morientis ori.
Tunc cantabunt laetius angelorum chori:
„Sit Deus propitius[51] huic potatori!“

13 Poculis accenditur animi lucerna[52],
cor imbutum[53] nectare volat ad superna[54].
Mihi sapit[55] dulcius vinum de taberna,
quam quod aqua miscuit praesulis pincerna[56].

14 Loca vitant publica quidam poetarum
et secretas[57] eligunt sedes latebrarum[58].
Student, instant[59], vigilant nec laborant parum
et vix tandem reddere[60] possunt opus clarum.

15 Ieiunant[61] et abstinent poetarum chori,
vitant rixas[62] publicas et tumultus fori
et, ut opus faciant, quod non possit mori,
moriuntur studio subditi labori.

21 praesul: Erzbischof **22 discretissimus**: erhabenster **23 saucio** 1: verwunden **24 tactus**: Berührung **25 nequeo**: nicht können **26 saltem**: wenigstens **27 corde moechor** („mecor“ zu lesen): treibe es in der Phantasie (mit ihnen)
28 arduus: steil, schwierig **29 levis**: glatt
30 Papia: Pavia in Oberitalien, galt als Zentrum des Lasters **31 demoror** = moror **32 castus**: keusch **33 venor** 1: jagen **34 illaqueo** 1: ins Netz locken **35 facie**: mit einem (schönen) Gesicht **36 praedor** 1: zur Beute machen **37 Hippolytus** ➤ K **38 Papiae**: im Dt. Wohin-Bestimmung

Abb. 21: zu Vers 36: ***Die mittelalterlichen Türme*** *der Adelsgeschlechter in San Gimignano (Toskana)*

39 thalamus: (Schlaf-)Gemach **40 Alethia**, griech. alétheia: Wahrheit ➤ K **41 secundo**: an zweiter Stelle: das Schuldbekenntnis ist wie auf einem Beichtzettel geordnet **42 red-arguo** 3: beschuldigen **43 corpore ... nudo**: weil er den Mantel verspielt hat **44 exterius** = extra **45 aestus**: Hitze **46 sudo** 1: schwitzen
47 cudo 3: schmieden **48 illam**: Personalpronomen (vgl. die roman. Sprachen) **49 donec**: bis
50 propositum: Vorsatz **51 propitius**: gnädig **52 lucerna**: Leuchte, Licht
53 imbuo 3: benetzen **54 ad superna**: nach oben (biblisch) **55 sapio** 3M: schmecken **56 pincerna**: Mundschenk **57 secretus**: abgeschieden **58 latebra**: Verborgenheit, Versteck
59 insto 1: mit Eifer bei der Sache sein **60 reddo** 3: von sich geben **61 ieiuno** 1: fasten **62 rixa**: Streit

16 Unicuique proprium dat Natura munus:
Ego numquam potui scribere ieiunus[63].
Me ieiunum vincere posset puer[64] unus.
Sitim et ieiunium odi tamquam funus.

17 Unicuique proprium dat Natura donum:
Ego versus faciens bibo vinum bonum
et, quod habent purius dolia[65] cauponum[66].
Tale vinum generat copiam sermonum.

18 Tales versus facio, quale vinum bibo.
Nihil possum facere nisi sumpto cibo.
Nihil valent penitus[67], quae ieiunus scribo.
Nasonem post calicem[68] carmine praeibo[69].

19 Mihi numquam spiritus poëtriae[70] datur,
nisi prius fuerit venter[71] bene satur[72].
Dum in arce cerebri[73] Bacchus dominatur[74],
in me Phoebus[75] irruit et miranda fatur.

20 Ecce meae proditor[76] pravitatis fui,
de[77] qua me redarguunt servientes[78] tui.
Sed eorum nullus est accusator sui,
quamvis velint ludere[79] saeculoque[80] frui.

21 Iam nunc in praesentia praesulis beati[81]
secundum[82] dominici[83] regulam mandati
mittat in me lapidem neque parcat vati[84],
cuius non est animus conscius[85] peccati.

22 Sum locutus contra me, quidquid de me novi,
et virus[86] evomui[87], quod tam diu fovi[88].
Vita vetus displicet, mores placent novi.
Homo videt faciem, sed cor patet Iovi[89].

23 Iam virtutes diligo, vitiis irascor,
renovatus animo spiritu[90] renascor.
Quasi modo genitus novo lacte[91] pascor[92],
ne sit meum amplius vanitatis[93] vas[94] cor.

24 Electe[95] Coloniae, parce paenitenti[96],
fac misericordiam veniam petenti
et da paenitentiam[97] culpam confitenti:
Feram, quidquid iusseris, animo libenti.

25 Parcit enim subditis leo, rex ferarum,
et est erga[98] subditos immemor irarum:
Et vos idem facite, principes terrarum:
Quod caret dulcedine[99], nimis est amarum.

63 ieiunus: nüchtern **64 puer**: Schüler **65 dolium**: Fass **66 caupo**: Wirt **67 penitus** (adv.): h. überhaupt **68 calix**: Kelch **69 prae-eo**: übertreffen **70 poetria**: Dichtkunst **71 venter**: Magen, Bauch **72 satur**: satt **73 cerebrum**: Gehirn **74 dominor** 1: herrschen **75 Phoebus** = Apollo (als Gott der Dichtkunst) **76 proditor**: Bekenner **77 de qua**: deretwegen **78 servientes**: Hofbeamte **79 ludo** 3: ein lockeres Leben führen **80 saeculum**: Welt **81 beatus**: Epitheton der Kirchenfürsten, wie „Eminenz“ **82 secundum** + acc.: gemäß **83 dominicus**: des Herrn, göttlich **84 vates**, -is: Dichter **85 conscius**: bewusst **86 virus**, -i n.: Gift **87 e-vomo** 3: ausspeien **88 foveo** 2, fovi, fotum: wärmen; h. fördern **89 Iovi** = Deo **90 spiritu**: aus dem Heiligen Geist **91 lac**, lactis n.: Milch **92 pascor** 3: sich nähren **93 vanitas**: Eitelkeit **94 vas**, vasis n.: Gefäß **95 electus Coloniae**: Reinald war seit 1159 gewählter, seit 1165 geweihter Erzbischof von Köln **96 paeniteo** 2: bereuen **97 paenitentia**: Buße **98 erga** + acc.: gegen **99 dulcedo**: Süßigkeit; Milde

***Abb. 22: Ein Beichtender speit Schlangen aus**: Diese sind eine Allegorie der Sünden; vgl. die Schlange im Paradies (griech. Ikone aus dem 18. Jh.)*

Die Vagantenbeichte gewinnt die vom Dichter beabsichtigte Wirkung erst dann, wenn man die Fülle der oft parodistischen Anspielungen auf die lateinischen Klassiker, besonders aber auf die Bibel erkennt. Daher sind im Folgenden die wichtigsten Stellen angegeben.

1 Genesis 6,6: Tactus dolore cordis **intrinsecus**: aus der Rede, in der Gott vor der Sintflut die Erschaffung des Menschen bereut: Ebenso „bereut“ der Archipoeta.

2 Hiob 10,1: **loquar in amaritudine animae meae**: Der Dichter vergleicht sich mit dem großen Büßer des Alten Testaments.

3 **levis elementi**: Gemeint ist die Luft, wogegen die anderen Menschen aus Erde geschaffen sind: Adam bedeutet „Mann aus Erde“.

4 **folio**: Der Vergleich auch in Hiob 13,25 und bei Ovid, Fasti 3,481.

5 f. Matth. 7,24: ... **viro sapienti**, qui aedificavit domum suam **supra petram**.

9 Ovid, Amores 2,4,8: **Auferor** ut rapida concita puppis aqua: Ovid bekennt seine Schwäche für das weibliche Geschlecht heuchlerisch als Fehler.

10 Sapientia 5, 9 ff.: tamquam **navis** ... aut tamquam **avis**, quae transvolat in aëre.

14 Psalm 19,11: verba tua **dulciora** super (= quam) ... **favum**: Das Scherzen tritt an die Stelle der Worte Gottes!

17 **via lata**: nach Matth.7,13: Der Weg ist breit, der zur Verdammnis führt.

19 2. Timotheusbrief 3,4: **voluptatum** amatores magis quam Dei.

20 **mortuus in anima**: In der Apokalypse 20,6 wird der Tod der Seele *secunda mors* genannt. **curam gero cutis**: Horaz, Epist. 1,2,29: *in cute curanda*

24 Matth. 5,28: Ego autem dico vobis: Omnis, qui viderit mulierem ad concupiscendam eam, iam **moechatus** est eam **in corde**.

31 **digito**: in Anlehnung an die erotische Zeichensprache bei den römischen Elegikern: z. B. Ovid, Amores 1,4,17 ff.

33 **Hippolytum**: Hippolytus, begeisterter Jäger und Verehrer der Jagdgöttin Artemis (Diana), wies die Liebe seiner Stiefmutter Phaidra zurück und galt als Inbegriff der Keuschheit. Auch Ovid nennt ihn in seiner „Beichte“ (Amores 2,4,32) als Beispiel.

36 **turribus**: Gemeint sind die Wehrtürme der Adelsgeschlechter in den Städten Italiens. **Alethiae**: Damit ist die christl. Lehre gemeint, die gegen die in den Türmen verschanzten Laster kämpft.

37 **secundo**: Im Zuge der Reform des Bußsakraments im 12. Jh. wurden Hilfsbücher zur Gewissenserforschung verfasst, die hier parodiert werden. **ludo**: Das Würfelspiel galt genauso als Todsünde wie das vorher gebeichtete Laster.

38 Horaz, Epist. 1,18,21: quem **alea nudat**.

46 **proxima ... ori**: wie beim Sterbesakrament die Hostie!

48 Lukas 18,13: **Deus propitius** esto **peccatori**.

50 Ovid, Met. 4,252: **imbutum ... nectare** corpus.

53 f. Horaz, Epist. 2,2,77: scriptorum chorus ... amat nemus et fugit urbem: Der Topos von der Flucht des Dichters in die Einsamkeit wird hier parodiert.

59 **quod non possit mori**: Der Topos der Unsterblichkeit der Dichter (Horaz, Oden 3,30; Ovid, Trist. 4,10) wird verhöhnt.

61 1. Korintherbrief 7,7: **unusquisque proprium** habet donum ex Deo. Die Natura als Helferin des Schöpfers wird im Mittelalter häufig personifiziert.

66 Horaz, Epist. 1,19,2: Nulla placere diu nec vivere carmina possunt, quae scribuntur **aquae potoribus**.
73 In der Apokalypse 19,10 ist der **spiritus prophetiae** eine Gabe des Heiligen Geistes.
75 **in arce cerebri**: Schon Platon (Timaios 70a) nennt den Kopf die Akropolis des Körpers.
79 Proverbia 18,17: iustus prior est **accusator sui**
83 Joh. 8,7: qui sine peccato est vestrum, primus in illam (die Ehebrecherin) **lapidem mittat**
90 f. Joh. 3,5: **renatus** ... ex aqua et **spiritu sancto**. 1. Petrusbrief 2,2: **quasi modo geniti** infantes ... **lac** (d.i. die Lehre der Kirche) concupiscunt.

120 Vertiefung

1 Welche Strophen entsprechen den folgenden vier Stufen der Beichte:

a *contritio cordis* („Zerknirschung des Herzens") über den bisherigen sündigen Zustand
b *confessio* (Sündenbekenntnis)
c *satisfactio* (Entschuldigung und Versprechen, sich zu bessern)
d *poenitentia* (Bitte um Buße)

2 Jeder Teil der Beichte wird hier parodistisch umgeformt:

a Welche wenigen Wörter deuten eine echte *contritio* an? Was ist der größte Teil der *contritio* tatsächlich? Beachte die Verbalformen!

b Wodurch werden die Teile der *confessio* jeweils ironisiert? Welcher ist von einem echten Sündenbekenntnis am weitesten entfernt?

3 Was ist für die „Gegenwelt" der Vaganten (➤ S 87) charakteristisch?

4 Bittet euren Musiklehrer, die *„Carmina Burana"* in der Klasse vorzuspielen. Welchen Teil der Beichte hat Orff ausgewählt?

121 text

Mapes (?)
ed. Th. Wright, Latin poems commonly attributed to Walter Mapes, o.O. 1841, S. 77 ff.

Versmaß: 2 x 3 Jamben in vierzeiligen Strophen

Dissuasio nubendi Goliae

Im **„Rat an Golias, nicht zu heiraten"** erzählt dieser, wie ihm drei Engel von der Ehe abrieten. Diese ironische Satire wurde dem Waliser Walter Map, lat. Mapes (1140–1209) zugeschrieben; seine Autorschaft ist aber umstritten. Der folgende Text ist eine Auswahl aus den 53 Strophen des Gedichts.

Uxórem dúceré quondám volúerám,
ut viam sequerer multorum miseram,
decoram virginem, pulchram et teneram,
quam inter alias solam dilexeram.

Hinc[1] quidam socii dabant consilium,
ut cito currerem ad matrimonium.
Vitam coniugii laudabant nimium,
ut in miseriis[2] haberent socium.

Tam cito nuptias[3] volebam fieri,
ut de me misero gauderent miseri.
Sed per tres angelos, quos missos repperi,
me deus eruit[4] a porta inferi[5].

Volentem igitur uxorem ducere
coeperunt angeli me redarguere,
et de coniugii loquentes[6] onere
coepit per ordinem[7] et primus dicere:

„Qui ducit coniugem, se nimis onerat,
a cuius onere mors sola liberat.
Vir servit coniugi, et uxor imperat,
et servus factus est, qui liber fuerat.

Semper laboribus labores cumulat[8],
et labor advenit et labor pullulat[9].
Ipse est asinus, quem uxor stimulat,
ut pascat[10] filios, quos ipsa baiulat[11].

Cum res coniugibus succedunt prospere,
uxores asserunt[12] se totum facere.
Si fiant pauperes, volunt arguere[13],
quod[14] propter coniugem sunt ipsae miserae.

Marito plurima sunt necessaria,
pro se, pro coniuge ac pro familia.
Et non legitime tractans[15] negotia
mercando[16] cogitur uti fallacia[17].

Instat laboribus causa[18] pecuniae,
ne fames[19] urgeat ventres[20] familiae.
Laborat iugiter[21] et sine requie
et cras incipiet, ut fecit hodie.

Vir lassus[22] dormiens labores somniat.
Sic se continue labore cruciat[23],
ut pascat coniugem, quam numquam satiat.
Golias igitur uxorem fugiat!“

Der zweite Engel:
„Est stulta mulier semper et varia[24],
et multa rapitur per desideria.
Si vir non dederit sufficientia,
se totam polluit per adulteria.

1 hinc: daher **2 miseria**: Unglück, pl. Leiden **3 nuptiae**, -arum: Hochzeit

4 e-ruo 3: herausreißen, retten **5 inferum**: Hölle

6 loquentes: Plural wegen des vorhergehenden *angeli*, logisch wäre *loquens* zu erwarten **7 per ordinem**: der Reihe nach

8 cumulo 1: aufhäufen **9 pullulo** 1: wuchern, sich vermehren **10 pasco** 3: ernähren **11 baiulo** 1: tragen

12 assero 3: behaupten **13 arguo** 3: h. behaupten **14 quod**: dass (statt AcI!)

15 tracto 1: führen **16 mercor** 1: Handel treiben **17 fallacia**: Täuschung, Betrug **18 causa pecuniae** = p. causa **19 fames**, -is: Hunger **20 venter**, ventris: Bauch, Magen

21 iugis, -e: beständig, dauernd **22 lassus**: müde **23 crucio** 1: quälen

24 varius: wankelmütig

Ut vestes habeat, quaerit adulterum
et ut refrigeret[25] ardorem viscerum[26].
Tota succenditur[27] amore munerum
spernitque misera maritum miserum.

Cito substantia[28] mariti praeterit,
postquam adulterum uxor dilexerit.
Quidquid laboribus vir acquisierit,
hoc dat adultero, maritum deserit.

Petit licentiam uxor nefaria,
ut vadat peregre[29] per monasteria,
et tecta subiens[30] prostibularia[31]
plus illa celebrat[32] quam sanctuaria[33].

Uxor adultera dimisso[34] gremio[35]
vix potest argui de adulterio.
Ut navis transiens maris in medio
non comprehenditur ullo vestigio.

Qui ducit coniugem, rancorem[36] induit[37],
pascit adulteram, qui se prostituit.
Partum[38] alterius heredem statuit
et nutrit filium, quem alter genuit.

Hic dolor maximus est et opprobrium[39]
susceptus[40] filius per adulterium,
quem uxor propria scit esse spurium[41],
maritus fatuus[42] appellat filium.

Haec est iniquitas[43] omnis adulterae,
quae virum proprium vellet non vivere.
Ut det adultero, non cessat[44] rapere.
Desistat igitur Golias nubere."

Der dritte Engel:
„Vere coniugium est summa servitus,
duplex angustia: carnis et spiritus.
Sic homo trahitur sicut bos venditus,
ut sit perpetuo labori subditus.

Nam omnis mulier est irascibilis,
fallax et invida et numquam humilis[45].
Maritus factus est asello similis,
qui est ad onera semper passibilis[46].

Insatiabilis vulva[47] non deficit[48],
nec unam feminam vir unus reficit[49].
Idcirco[50] mulier se multis subicit
et adhuc sitiens[51] non dicit: sufficit.

25 refrigero 1: abkühlen **26 viscera**, -um: Eingeweide, h. sexuell: Schoß **27 succendo** 3: entflammen **28 substantia**: Vermögen

29 per-egre: in die Fremde

30 sub-eo: betreten **31 tectum prostibularium**: Bordell **32 celebro**: 1 h. aufsuchen **33 sanctuarium**: Sakristei **34 dimitto** 3: h. feilbieten **35 gremium**: Schoß

36 rancor: das Ranzige **37 induo** 3. anziehen, h. sich einlassen mit etw. **38 partus**, -us: Geburt; h. Kind

39 opprobrium: Schande **40 suscipio** 3M: (ein Kind) empfangen **41 spurius**: unehelich **42 fatuus**: töricht **43 in-iquitas**, -atis f.: Ungerechtigkeit

44 cesso 1: zögern

45 humilis: h. demütig

46 passibilis: bereit(willig) **47 vulva**: weibl. Scham **48 deficio** 3M: h. müde werden **49 reficio** 3M: h. befriedigen **50 idcirco**: deshalb **51 sitio** 4: dürsten

Quis satisfaciet illi per coitum?
Qui nimis coeunt, incurrunt obitum[52].
Ei non serviet quisquam ad libitum[53],
ut reddat[54] totiens carnale[55] debitum.

85 52 ob-itus, -us: Tod **53 ad libitum**: wie es (ihr) beliebt **54 reddo** 3: begleichen (eine Schuld) **55 carnalis**, -e: fleischlich

Est lingua gladius in ore feminae,
qua vir percutitur tamquam a fulmine[56].
Per hanc hilaritas[57] fugit a homine,
domus subvertitur australi[58] turbine[59].

90 56 fulmen: Blitz **57 hilaritas**: Fröhlichkeit **58 australis**, -e: des Südwinds **59 turbo**, -inis: Wirbel

Voluntas coniugis semper perficitur;
sin autem[60], litigat[61], flet et irascitur.
Vir autem patiens clamore vincitur
et cedens coniugi domum egreditur.

95 60 sin autem sc. non perficitur **61 litigo** 1: streiten

Quis potest coniugis ferre molestias,
labores varios et contumelias?
Labor et taedium[62] restant post nuptias –
uxorem igitur, Golia, fugias!“

100 62 taedium: Ekel, Überdruss

121 Vertiefung

Fasse die Argumente der drei Engel in lateinischen Stichwörtern aus dem Text zusammen. Wiederholen sich die Motive? Wo ist die Satire am schärfsten?

122 Text

Anonymus, Carmen Buranum 196

Versmaß: 4 Trochäen
(V. 21–30 teils 5 Trochäen, teils unrhythmisch)

In taberna

1 Ín tabérna quándo súmus,
non curamus, quid sit humus[1],
sed ad ludum properamus,
cui semper insudamus[2].
Quid agatur in taberna,
ubi nummus[3] est pincerna[4],
hoc est opus[5], ut quaeratur:
Sed quid loquar, audiatur.

1 1 humus: h. Grab **2 insudo** 1 (+ dat.): bei etw. schwitzen

5 3 nummus: Münze, h. Geld **4 pincerna**: Mundschenk **5 est opus**: ist nötig

2 Quidam ludunt, quidam bibunt,
quidam indiscrete[6] vivunt.
Sed in ludo qui morantur,
in his quidam denudantur[7],
quidam ibi vestiuntur[8],
quidam saccis[9] induuntur[10].
Ibi nullus timet mortem,
sed pro Baccho mittunt sortem[11].

10 6 indiscretus: liederlich **7 denudo** 1: ausziehen, entkleiden **8 vestio** 4: bekleiden **9 saccus**: Sack (statt des Gewandes oder als Bußgewand) **10 induo** 3: bekleiden

15 11 mittunt sortem: würfeln (eigtl. „werfen das Los“)

3 Primo[12] pro nummata[13] vini:
Ex hac bibunt libertini[14].
Semel bibunt pro captivis[15],
post haec bibunt ter pro vivis,
quater pro Christianis cunctis,
quinquies pro fidelibus[16] defunctis,
sexies pro sororibus vanis[17]
septies pro militibus silvanis[18].

4 Octies pro fratribus perversis[19],
novies pro monachis[20] dispersis[21],
decies pro navigantibus,
undecies pro discordantibus[22],
duodecies pro paenitentibus[23],
tredecies pro iter agentibus[24].
Tam pro papa quam pro rege[25]
bibunt omnes sine lege[26].

5 Bibit hera[27], bibit herus,
bibit miles[28], bibit clerus,
bibit ille, bibit illa,
bibit servus cum ancilla,
bibit velox, bibit piger,
bibit albus, bibit niger,
bibit constans, bibit vagus,
bibit rudis[29], bibit magus[30].

6 Bibit pauper et aegrotus,
bibit exul et ignotus,
bibit puer, bibit canus[31],
bibit praesul[32] et decanus[33],
bibit soror, bibit frater,
bibit anus[34], bibit mater,
bibit iste, bibit ille,
bibunt centum, bibunt mille.

7 Parum sescentae nummatae
durant[35], ubi immoderate
bibunt omnes sine meta[36],
quamvis bibant mente laeta.
Sic nos rodunt[37] omnes gentes[38],
et sic erimus egentes.
Qui nos rodunt, confundantur[39]
et cum iustis non scribantur[40].

12 primo sc. ludunt **13 nummata vini**: Zeche (nummata sc. pecunia ist substantiviertes PPP) **14 libertinus** hat hier 3 Bedeutungen: 1. ausgelassen, 2. Freigelassener (der sich von den christl. Geboten befreit hat), 3. von Liber = Bacchus: Bacchus-Jünger **15 captivus**: 1. Kriegsgefangener, 2. Gegenteil von libertinus in der 2. Bedeutung

16 fidelis: gläubig **17 sorores vanae**: leichte Schwestern **18 milites silvani**: „Waldsoldaten“ = Raubritter

19 perversus: gefallen **20 monachus**: Mönch **21 dispersus**: zerstreut: weil sie nicht in ihr Kloster zurückkehren (obwohl die Benediktinerregel die *stabilitas loci* vorschreibt) **22 discordantes**: vom rechten Glauben Abgefallene, Häretiker **23 paenitentes**: Büßer

24 iter agentes = vagantes **25 rex**: Kaiser **26 lex**: doppeldeutig: 1. Regel (Komment) des Trinkens, 2. Gesetze (der Gesellschaft, die hier nicht gelten) **27 hera**: Bürgerin **28 miles**: Ritter

29 rudis: ungebildet **30 magus** = magister **31 canus**: grau(haarig) **32 praesul**: Bischof **33 decanus**: Dechant

34 anus, -us: alte Frau

35 duro 1: ausreichen **36 meta**: Ziel **37 rodo** 3: tadeln **38 gentes**: doppeldeutig: 1. Leute (ital. gente), 2. Heiden, parodistisch: die nicht an Bacchus glauben

39 confundo 3: vernichten **40 scribantur**: nämlich ins Buch der Gerechten, die im Reich der Seligen sind: Damit wird die Schenke dem Paradies gleichgesetzt!

122 Kommentar

Abb. 23: Caravaggio: Bacco adolescente (1569; Florenz, Uffizien)

6 **nummus** ist hier personifiziert wie bei Matth. 6,24 der Mammon.

7 **quaeratur**: Parodie auf die Ankündigung einer Untersuchung in der scholastischen *disputatio* (Streitgespräch, wissenschaftliche Untersuchung)

13 **vestiuntur**: Parodistische Anspielung auf die „Bekleidung" eines Kirchenamts (Investitur)

15 **nullus timet mortem**: Absage an die damals üblichen *Dies irae*-Meditationen

16 **pro Baccho**: Bacchus steht hier statt Christus, der auffordert, das Leben für ihn hinzugeben, um das ewige zu gewinnen (Matth. 10,39).

17 ff. **pro ... pro ...**: Parodie der Fürbitten der Karfreitagsliturgie

31 **papa ... rege**: Der reale machtpolitische Gegensatz zwischen Papst und Kaiser ist hier aufgehoben.

33 **hera ... herus**: Bürgerin und Bürger, die in der Kirche getrennt sitzen, sind hier vereint!

38 **albus ... niger:** wohl Anspielung auf die Ordenstrachten (Zisterzienser bzw. Benediktiner)

41 **pauper ... aegrotus**: Auch die, die sonst auf die Hilfe der Klöster angewiesen sind, trinken hier unbeschwert.

48 **centum ... mille**: Die Becher vermehren sich so, wie sich in den Hostien der Leib Christi vervielfacht. Damit werden wohl Eucharistie-Hymnen dieser Zeit parodiert. Da seit dem 13. Jh. den Laien nur noch das Brot gereicht wurde, was oft kritisiert wurde, verherrlicht das Lied hier Bacchus als den Gegengott, der den in der Kirche verweigerten Wein gewährt.

55 f. vgl. Psalm 69,29: Deleantur de libro viventium **et cum iustis non scribantur**.

122 Vertiefung

1. An welchen zwei Stellen wird das *Memento mori!* ins Gegenteil verkehrt? Mit welchem Ort ohne Todesfurcht wird daher die Schenke verglichen?
2. Für welche Außenseiter der Gesellschaft wird im parodistischen „Fürtrinken" der Strophen 3 und 4 getrunken? Für wen wird am häufigsten getrunken?
3. Welchen zeitgeschichtlichen Hintergrund findest du in V. 31?
4. Welche soziale Utopie drückt sich in der Anapher des *bibit* (Str. 5 und 6) aus?

Teil XII

LATEINISCHE PROSA DES MITTELALTERS

CAESARIUS VON HEISTERBACH (ca. 1180–1240)

Caesarius war Mönch im Zisterzienserkloster Heisterbach bei Bonn. Von seinem Hauptwerk, den ***„VIII libri miraculorum“***, sind drei Bücher erhalten.

123 text

Caesarius von Heisterbach, libri miraculorum 2,17

Der habgierige Verwalter und der Teufel

Erat miles[1] quidam sine misericordia neque timens deum neque diabolum. Avarus erat supra modum et fecit frequentes et graves exactiones[2] in homines sibi subiectos. Die quadam, cum propter exactionem faciendam ad villam quandam properaret, diabolus in specie hominis se illi in itinere sociavit[3]. Quem cum ille ex mutua[4] collocutione[5] diabolum esse intellexit, ire cum eo vehementer timuit, nullo autem modo ab eo separari potuit.

Occurrit eis homo quidam pauper porcum in laqueo[6] ducens. Cum animal huc illucque[7] se diverteret, clamavit homo ille iratus: „Diabolus te habeat!“ Quo verbo audito miles sperans tali occasione liberari posse ab illo, illi: „Audi!“, inquit, „amice, porcus tibi datus est. Vade et tolle ipsum!“ Respondit diabolus: „Non ex intimo corde mihi donavit, itaque eum tollere non possum!“

Deinde ierunt per aliquam villam[8]. Cum infans[9] fleret, mater in foribus[10] domus stans irata voce dicebat: „Diabolus te habeat! Quid[11] me fletibus[12] tuis inquietas[13]?“ Tum miles iterum sperans a suo socio liberari dixit: „Ecce, hic lucratus[14] es animam! Tolle infantem, tuus est, mater ipsa tradidit eum tibi!“ Diabolus respondit ut prius: „Non donavit mihi ex corde. Talis est consuetudo hominum, cum irascuntur.“

Cum autem appropinquarent loco, ad quem properabant, homines villae militem a longe videntes et causam adventus non ignorantes simul una voce clamabant: „Diabolus te habeat! Diabolo benevenias[15]!“ Quo audito diabolus cacchinans[16] dixit militi: „Ecce, isti dederunt te mihi ex corde intimo!“ et rapuit eum diabolus in ipsa hora. Sed quid de eo gestum sit vel quo eum duxerit, usque in hodiernum diem ignoratur. Audiant hoc exemplum pauperum exactores[17]!

1 miles: h. Verwalter **2 exactio**: Eintreiben des Zehents

3 socio 1: verbinden, h. anschließen **4 mutuus**: wechselseitig **5 collocutio** = colloquium **6 laqueus**: Strick, Schlinge

7 huc illucque: hierhin und dorthin

8 villa: Gehöft **9 infans**: Kind **10 fores**, -ium: Tür **11 quid** = cur **12 fletus**, -us: Geheul **13 inquieto** 1: beunruhigen, nerven

14 lucror 1: gewinnen

15 benevenio 4: willkommen sein **16 cacchino** 1: kichern

17 exactor: Ausbeuter

123 Vertiefung

Welche literarische Gattung wird hier parodiert?

FRANCESCO POGGIO BRACCIOLINI (1380–1459)

Poggio war Sekretär in der päpstlichen Kanzlei. Außer Briefen ist von ihm eine Geschichte von Florenz erhalten sowie eine Sammlung witziger Erzählungen (***„Facetiae“***).

Abb. 24: Gian Francesco Poggio Bracciolini (zeitgenössische Darstellung)

124 text

Poggio, Facetiae 19

Ich bin noch nicht hungrig

Cardinalis[1] Hispaniensis bello, quod eo auctore gestum est in Piceno[2] adversus pontificis[3] hostes, cum aliquando ad aciem ventum esset, in qua vincere vel vinci eos, qui pontificem sequebantur, necesse erat, hortatur milites ad pugnam pluribus verbis dicens, qui in eo proelio cecidissent, eos cum Deo et angelis[4] pransuros[5]. Cadentibus enim peccatorum[6] omnium veniam propositam[7] esse affirmavit, quo[8] morti se alacrius[9] offerrent[10]. His exhortationibus usus abscedere coepit a pugna. Tum unus ex adstantibus militibus: „Cur tu“, inquit, „non etiam ad hoc prandium una nobiscum accedis?“ At ille: „Tempus prandii nondum est mihi, quoniam nondum esurio[11].“

1 cardinalis: Kardinal **2 Picenum**: Landschaft in Mittelitalien am Adriatischen Meer **3 pontifex**: Papst **4 angelus**: Engel **5 prandeo** 2, prandi, pransum: eigtl.: die kleine Mittagsmahlzeit einnehmen, h. allgemein: speisen **6 peccatum**: Sünde **7 propono** 3: verheißen **8 quo** (+ comp. + coni.): damit umso **9 alacer**, alacris, alacre: feurig, freudig **10 offero**: aussetzen, preisgeben **11 esurio** 4: hungrig sein

124 Vertiefung

Nenne ein Beispiel für eine ähnliche Motivation zum Opfertod aus unserer Zeit.

Teil XIII

LATEINISCHE LITERATUR DER NEUZEIT

HEINRICH BEBEL (1472–1518)

Bebel war seit 1496 Lehrer in Tübingen und wurde 1501 von Kaiser Maximilian mit dem Lorbeerkranz zum Dichter gekrönt *(poeta laureatus* ➤ Abb. 25, S. 105*)*. Sein Hauptwerk sind die ***„Facetiae"*** (Schwänke, lustige Geschichten), veröffentlicht 1506.

125 text

Bebel, Facetiae 1,104

Der Anwalt als Mönch

Quidam advocatus post multas causas[1], in quibus victor evasit, monachus[2] factus est. Et cum negotiis[3] monasterii[4] praepositus multis in causis succubuisset[5], interrogatus est ab abbate[6], cur in causis agendis mutatus esset. Respondit: „Non audeo mentiri[7] ut ante; ideo amitto causas."

1 **1 causa**: Prozess **2 monachus**: Mönch **3 negotium**: h. rechtliche Angelegenheit **4 monasterium**: Kloster **5 succumbo** 3, succubui: unterliegen **6 abbas**, -atis: Abt
5 **7 mentior** 4: lügen

126 text

Bebel, Facetiae 2,76

Der harmlose Lügner

Quidam rusticus filiam vicini amavit eamque sibi in coniugium dari postulavit. Quod cum inter amicos virginis tractaretur[1] omnesque illam ei dandam negarent[2], quia mendacissimus[3] esset, unus restitit[4]: Quaesivit enim, an lusor esset, an vinosus, an aliis vitiis obnoxius[5]. Et cum inveniret eum aliis in rebus probatum[6] laboriosumque[7] imprimis, solo mendacio famosum[8], dandam illi amicam persuasit: „Si enim omnibus", inquit, „mendacia eius constant, ut dicitis, nulli damnosa[9] sunt: Nemo enim illi fidem habebit, itaque nullum decipiet[10]."

1 **1 tracto** 1: besprechen **2 dandam negarent** = non dandam (esse) dicerent **3 mendax**: verlogen **4 resisto** 3 restiti: h. widersprechen
5 **5 obnoxius**: verfallen **6 probatus**: erprobt, tüchtig **7 laboriosus**: arbeitsam **8 famosus**: h. berüchtigt **9 damnosus**: schädlich

10 **10 decipio** 3M: täuschen

127 text

Bebel, Facetiae 3,85

Lauter Dummköpfe

Quidam abbas, cum cellarius[1] deesset, dixit ad fratres suos: „Quem ego eligam ex numero isto stultorum[2]?“ Cui unus ex grege[3]: „Nonne abbatem ante invenimus ex istis stultis?“

1 cellarius: Kellermeister
2 stultus: Dummkopf
3 grex, gregis: Herde, Schar

128 text

Bebel, Facetiae 3,138

Drei Bayern in Norddeutschland

Tres Bavari simul peregre[1] profecti sunt morum in alienis terris discendorum causa venientesque in Germaniam inferiorem[2], ubi homines tam expedite[3] curteque[4] loquuntur nimiumque celeriter verba pronuntiant, ut vix et aegre[5] superiores Germani intellegant, civitati[6] cuidam appropinquaverunt. Praemittitur autem is, qui huius insuetae[7] linguae peritissimus haberi voluit, ut procuraret[8] hospitium[9] lautumque[10] prandium[11] instrueret.

Qui cum in urbem venisset atque tarda[12] sua lingua imprimisque crassa[13] et dura cum caupone[14] esset locutus multa, nihil tamen eorum intellexit caupo. Quare dentes digitis[15] monstrans edendi cupiditatem significavit[16]. Caupo dolore dentium laborare eum existimans ad medicum dentarium deduci iussit, ubi, cum dentes monstrare pergeret[17], medicus cauponis sententia permotus dentes duos illi evulsit[18] radicitus[19].

Quare iratus ille et tristis exiens e civitate ad suos comites pervenit, quibus ait: „O fratres carissimi, per[20] fidem meam consulo vobis, ne hanc civitatem ingrediamini. Ubi primum enim ad edendum quicquam postulaveritis, dentes vobis omnes evellentur. Mihi, ut cernitis, duo ob eam rem adempti[21] sunt. Nisi adeo peritus et edoctus fuissem in eorum lingua, iam totus edentulus[22] ad vos redissem.“ Illi boni homines stulto illius consilio permoti inedia[23] fere confecti[24] abierunt suamque Bavariam ieiuni[25] repetiverunt.

1 **1 peregre** (adv.): über Land, in die Fremde **2 inferior** bezieht sich auf die Meereshöhe **3 expeditus**: unbehindert, schnell **4 curtus**: verkürzt
5 **5 aegre** (adv.): mit Mühe **6 civitas** = city, città **7 in-suetus**: ungewohnt **8 procuro** 1: sich kümmern um **9 hospitium**: h. Quartier **10 lautus**: anständig **11 prandium**: Mahlzeit **12 tardus**: langsam
10 **13 crassus**: dick, schwerfällig **14 caupo**: Wirt **15 digitus**: Finger **16 significo** 1: bezeichnen, andeuten
15 **17 pergo** 3: fortfahren **18 e-vello** 3, evulsi, evulsum: ausreißen **19 radicitus** (adv.): mitsamt der Wurzel **20 per**: bei (beschwörend)
20 **21 ad-imo** 3: „an sich nehmen“ = (einem anderen) wegnehmen **22 e-dentulus**: zahnlos **23 in-edia**: Hungern
25 **24 conficio** 3M: fertigmachen, erschöpfen **25 ieiunus**: nüchtern, hungrig

128 Vertiefung

Auf welchem Mittel der Komik beruht die ganze Geschichte? Wo ist ihre erste, wo die zweite Pointe?

Abb. 25: Insignien des **poeta laureatus** ***Bebel*** *(aus dem Band* „Triumphus Veneris“, *Straßburg 1515)*

129 text

Bebel, Facetiae 3,149

Zwei Irre ernten Birnen

Duo fratres fatui[1] e quercu[2] pira[3] decerpere[4] cupiverunt conveneruntque[5], ut alter ascenderet atque concutiendo[6] demitteret, alter sub arbore colligeret. Et cum alter diu arborem concutiens nihil proficeret[7], questus est ille, qui sub arbore erat, quod frater omnia pira comederet[8], ut sibi nihil reliquum fieret. At alter, qui in arbore erat, queritur illum omnia, quae ipse demitteret concutiendo, pira devorare[9]. Inde ex summa contentione[10] ad verbera[11] veniunt.

1 **1 fatuus**: dumm **2 quercus**: Eiche **3 pirum**: Birne **4 decerpo** 3: pflücken **5 convenio** 4: h. übereinkommen, sich einigen **6 concutio** 3M: schütteln **7 proficio** 3M: Erfolg haben, erreichen

5 **8 com-edo** 3: aufessen **9 devoro** 1 = engl. devour **10 contentio**: Streit **11 verbera** (nur pl.): Prügel

129 vertiefung

Zu welcher noch heute beliebten Kategorie von Witzen gehört dieser?

Desiderius ERASMUS VON ROTTERDAM
(ca. 1467–1536)

Der bedeutende Humanist war Philologe und Theologe und bereiste viele Länder, um alte Handschriften einzusehen und Quellenstudien zu betreiben. Er ließ sich weder von den Katholiken noch von den Reformatoren vereinnahmen und schrieb u. a. scharfe Satiren gegen die Geistlichkeit (*„Morias enkomion seu laus stulticiae“* = „Lob der Narrheit“), *„Colloquia familiaria“*, 2200 (!) Briefe. Seine ***„Apophthégmata“***, eine Sammlung von Aussprüchen (*apóphthegma*, griech. = Ausspruch, pl. *apophthégmata*) berühmter Griechen und Römer, sind die lateinischen Versionen vor allem griechischer Originale der Spätantike (Plutarch, Diogenes Laërtios u. a.).

Abb. 26: Albrecht Dürer: Bildnis des Erasmus von Rotterdam *(Kupferstich, 1526; Basel, Kupferstichkabinett)*

130 text

Erasmus,
Apophthégmata 3, Diogenes 41

Genügsamkeit

Diogenes, cum aliquando vidisset puerum cava[1] manu bibentem, „Hic puer“, inquit, „me frugalitate[2] superat, qui me supellectilem[3] superfluam[4] mecum ferre demonstret“, et eductum[5] e pera[6] poculum[7] ligneum[8] abiciens dixit: „Nesciebam et in hoc nobis providisse[9] naturam.“

1 **1 cavus**: hohl **2 frugalitas**: Genügsamkeit **3 supellex**, supellectilis f.: Hausrat **4 superfluus**: überflüssig **5 e-duco** 3: h. herausnehmen **6 pera**: Tasche
5 **7 poculum**: Becher **8 ligneus**: hölzern **9 provideo** 2: vorsorgen

130 kommentar

Erasmus,
Apophthégmata 3, Diogenes 41

1 Diogenes von Sinope (an der Südküste des Schwarzen Meeres), um 400 v.Chr., war Schüler des Sokrates-Schülers Antisthenes, des Begründers der „kynischen“ Schule (von griech. *kýon* = Hund). Die Kyniker zogen als Bettelphilosophen von Stadt zu Stadt. Mit beißendem Spott (davon unser „zynisch“) geißelten sie die Hohlheit und den Dünkel der Etablierten und die Auswüchse der

Zivilisation. Sie predigten das Ideal der Bedürfnislosigkeit (*autárkeia*, Autarkie = „Selbstgenügsamkeit“) und die Rückkehr zu einem natürlichen Leben mit gesundem Hausverstand. Diogenes' Lehmhütte war so klein, dass man sie „Fass“ nannte.

Abb. 27: Diogenes und Alexander *(Rom, Villa Albani)*

131 **t**ext

Erasmus,
Apophthégmata 3, Diogenes 59

Platons misslungene Definition

Plato[1] sic definiverat hominem: Homo est animal bipes[2] sine pennis[3]. Ei definitioni cum discipuli Platonis applauderent, Diogenes gallum pennis ac plumis[4] nudatum[5] produxit in scholam, „Ecce“, inquiens, „hic est homo Platonis.“ Itaque definitioni adiectum est „latis unguibus[6]“, quod aves eiusmodi ungues non habent.

1 **1 Plato** (griech. Platon): 428–348, vor seinem Schüler Aristoteles der bedeutendste griechische Philosoph **2 bi-pes**: zweifüßig **3 penna**: Feder **4 pluma**: Flaum (Erbwort!), Feder **5 nudo** 1 (+ abl. sep.): entblößen, berauben

5 **6 unguis**: Nagel, Kralle

131 **V**ertiefung

Ist die Definition durch den Zusatz hinreichend korrigiert?

132 text

Erasmus,
Apophthégmata 3, Diogenes 85

Der „Hund“ Diogenes

Cum Diogenes adesset convivio[1], ii, qui accumbebant[2], appellantes eum „canem“ ossa ei proiciebant, quod id canibus fieri consuevit. At ille discedens a tergo[3] commingebat[4] accumbentes significans et[5] hoc esse canum[6].

1 convivium: Gastmahl, Gelage
2 accumbo 3: bei Tisch liegen

3 tergum: Rücken, a tergo: von hinten
4 commingo 3: anpissen **5 et** = etiam
6 canum (gen.): (Gewohnheit) der Hunde

133 text

Erasmus,
Apophthégmata 3, Diogenes 2/63

Wer sind die „Hunde“?

Cum Diogenes in publica via pranderet[1] multique eum circumstarent ob spectaculi novitatem ac saepius clamarent „Canis, canis!“, „Immo[2]“, inquit, „vos estis canes, qui prandentem circumstatis.“

1 prandeo 2: die Mittagsmahlzeit einnehmen
2 immo: vielmehr

134 text

Erasmus,
Apophthégmata 4, Cicero 61

„Nur über meine Leiche“

Caesar statuerat[1] agros Campanos militibus[2] dividere. Id cum complures senatores moleste ferrent, tum L.Gellius, homo extremae senectutis, dixit hoc non futurum se vivo. „Exspectemus“, inquit Cicero, „non enim postulat longam dilationem[3].

1 statuo 3: beschließen
2 militibus sc. veteranis

3 dilatio: Aufschub

134 Vertiefung

Entspricht Ciceros Wortmeldung seiner sonstigen politischen Einstellung?

Wolfram KAUTZKY (geb.1957)

Kautzkys ***„Nuntii Latini"***, lateinische Versionen erstaunlicher und amüsanter Nachrichten aus aller Welt, waren seit 1991 im Teletext zu lesen und sind seit 1995 wöchentlich in der Tageszeitung „Kurier" veröffentlicht (derzeit jeweils am Montag). Eine Auswahl von 34 + 30 Texten ist unter dem Titel „Nuntii Latini. Übersetzungsvergnügen mit lateinischen News" in Buchform erschienen (Durchstarten in Latein, Teil 1 und 2, Veritas, Linz ²2000 bzw. 2004).

135 **t**ext

Kautzky,
Nuntii Latini

Novum puniendi genus

E gymnasio quodam Chikago urbis Americanae post breve tempus carmina cantoris Frank Sinatra resonare solent. Quod quin[1] illi cantori gaudium non sit, tamen non est dubium. Carmina enim eius trivialia non ad discipulos delectandos, sed ad eos puniendos adhibentur[2]: Quicumque aliquod delictum commisit, cogitur nonnullas horas carminibus velut „Peregrini[3] nocturni" aut „Egi meo more" aures suas praebere. Magistri gaudent: „Discipuli haec carmina oderunt; dicunt nihil peius se umquam audivisse."

1 **1 quin** (+ coni.): dass

5 **2 adhibeo** 2: verwenden

3 peregrinus: Fremder

135 **V**ertiefung

Frage deine Eltern (Großeltern) nach den englischen Originaltiteln der zitierten Songs.

136 **t**ext

Kautzky,
Nuntii Latini

De Iesu ut milionario

Iam pridem Franciscus Clivus, vir Anglicus LXXII annorum, rem familiarem suam Iesu Christo legare[1] in animo habuit. Qua de causa contractum inusitatum[2] cum „Lloyd's", societate securitatum[3], iniit. Secundum[4] quod pactum Iesus centum milia librarum[5] Anglicarum accipiet, si intra proximos LXXX annos in terram reverterit et se re vera[6] Christum esse probaverit[7]. Interea iam XXII homines, inter quos etiam unus coloratus[8] duaeque feminae erant, societatem adierunt summam cautionis[9] postulaturi. Adhuc autem cuncti petitores[10], postquam diligenter examinati sunt, repudiati[11] sunt.

1 **1 lego** 1: vermachen **2 inusitatus**: ungewöhnlich **3 societas securitatum**: Versicherungsgesellschaft **4 secundum** + acc.: gemäß
5 **5 libra**: Pfund

6 re vera: wirklich **7 probo** 1: beweisen **8 coloratus**: Farbiger **9 summa cautionis**: Versicherungssumme
10 **10 petitor**: Bewerber **11 repudio** 1: abweisen

137 text

Kautzky, Nuntii Latini

De basiatorum[1] rege

Permulti in Lituania[2] certamini basiationis perpetuae, quod a quadam statione radiophonica apparatur[3], interesse student. Leges facillimae sunt: Participibus[4] singulis horis X minutas, quaternis[5] horis XXX minutas se recreare licet, reliquo tempore basiandum est. Victores huius anni, qui L horas continenter basiaverant, praemio navigationis affecti sunt – quam scilicet separati facturi sunt.

1 basiator: Küsser
1 **2 Lituania**: Litauen **3 apparo** 1: veranstalten **4 particeps**, participis: Teilnehmer **5 quaterni**: je vier

138 text

Kautzky, Nuntii Latini

Hortus senum

Litteras inusitati argumenti[1] quidam vir CV annos natus in civitate Echallens, quod oppidum in Helvetico pago[2] Waadt situm est, accepit. Hac epistula a magistratibus municipalibus[3] data, cui longus index[4] infantium[5] adiunctus erat, ab eo postulatum est, ut quam celerrime sui declarandi causa hortum infantium municipalem adiret. Hic error a magistratibus eo[6] commissus erat, quod data annorum natalium computatro[7] municipali solum duobus numeris scripta erant, ut in formulario pro anno MDCCCXCIV annus XCIV exhiberetur[8]. Quo[9] non solum factum est, ut aetati senis, qui antea magister fuerat, C subtraherentur, sed etiam ut ille una cum LXV liberis quinque annorum in hortum infantium convocaretur. Interim programma illius computatri retractatum[10] est …

1 **1 argumentum**: Inhalt **2 pagus**: Kanton **3 municipalis**, -e: zur Gemeinde gehörig, Gemeinde- **4 index**: Liste **5 in-fans**: das „nicht Sprechende" = Kind
5 **6 eo**: deshalb **7 computatrum**: Computer
10 **8 exhibeo** 2: zeigen **9 quo**: dadurch **10 rectracto** 1: überarbeiten

139 text

Kautzky, Nuntii Latini

Supra sonum

Cum nimia celeritate vectus esset, Abdul Rahman Ismail, taxiraedarius[1] urbis Kualae Lumpur, delatus[2] est. Mirum in modum celeritate MCXX chiliometrorum horalium[3] in quadam autostrata urbana vectus esse dictus est. Rahman, vir LI annorum, de sua poena litteris certior[4] factus erat. Relatoribus[5] dixit se illius rei, quae mense Octobri anni superioris accidisset, meminisse, sed se sine dubio velocitatem supersonicam[6] non assecutum esse, quod sua Mercede ne velocitate CX chiliometrorum horalium quidem vehi posset. Interim praesidens custodum[7] publicorum vectorem adhortatus est, ut rei illustrandae causa proximam stationem custodum publicorum adiret. „Fieri potest, ut erremus", praesidens aegre[8] dixit.

1 **1 taxiraedarius**: Taxifahrer **2 defero**: anzeigen **3 chiliometrum horale**: Stundenkilometer

5 **4 certiorem facio**: benachrichtigen **5 relator**: Reporter **6 supersonicus**: Überschall-

10 **7 custodes publici**: Polizei **8 aegre**: mit Mühe, zähneknirschend

140 text

Kautzky, Nuntii Latini

Sinus[1] Danicus[2]

In Dania cuidam sui ipsius nudatrici[3] non contigit[4], ut pro suo sinu remissionem[5] fiscalem[6] acciperet. Anno proximo officium[7] fiscale urbis Vejle nudatrici nomine Lia Damen concesserat, ut in sua confessione censuali[8] MMMC eurones, quos ad sinus amplificandos impenderat[9], velut sumptum[10] pervulgationis[11] deduceret[12], quod illa sectio[13] pro successu professionali necessaria fuisset. Quod argumentum a summis magistratibus fiscalibus reiectum[14] est. Cum femina XXIX annos nata summam fisci instantiam regni Danici adisset, ut ipsa argumenta sua (de)monstraret, tamen eius sinus siliceus non ut „instrumentum laboris necessarium" probatus[15] est. Nunc nudatrix sperat suum sinum titulo „oneris inusitati[16]" deduci posse.

1 sinus: Busen **2 Danicus**: dänisch

1 **3 sui ipsius nudatrix**: Stripperin (wörtl.?) **4 contingit**: es gelingt **5 remissio**: Nachlass **6 fiscalis**, -e: Steuer- **7 officium fiscale**: Finanzamt **8 confessio censualis**: Steuererklärung

5 **9 impendo** 3: aufwenden, zahlen **10 sumptus**, -us: Aufwand **11 pervulgatio**: Werbung **12 deduco** 3: abziehen **13 sectio**: Operation **14 reicio** 3M: abweisen

10 **15 probo** 1: anerkennen **16 onus inusitatum**: außergewöhnliche Belastung

Gerardus ALESIUS (geb. 1967)

Gerd Allesch wurde in Klagenfurt geboren und studierte in Wien Klassische Philologie. Unter dem Titel ***„Epigrammatum libellus“*** publizierte er 101 meist kurze, epigrammatische Gedichte; viele davon sind Spottgedichte in der Tradition Catulls und Martials (Edition Praesens, Wien 2000).

141 text

Alesius,
carmen IX

Versmaß: eleg. Distichon

Ad quendam iactantem[1] illud Socraticum[2]

Scire nihil te scire refers iactasque libenter:
  Non opus[3] est, quia te nil ego scire scio.

1 iacto 1: werfen, h. (Worte) von sich geben **2 Socraticum**: Ausspruch des Sokrates **3 opus est**: es ist nötig

Vertiefung

In welchem Kontrast liegt die Komik?

142 text

Alesius,
carmen XXII

Versmaß: eleg. Disticha

Ad Cornutum

Magnum corpus habes, cerebrum, Cornute, minutum:
  Sic natura viros ludere[1] saepe solet.
Insolitum tantis in membris quod mage[2] miror,
  hoc est: Omnino viribus ista carent.
Uxor testis erit, tibi quae praeferre[3] fatetur
  pupillum[4] exiguum, qui sibi tundat[5] utrem[6].

1 **1 ludo** 3: h. verspotten **2 mage** = magis

5 **3 praefero**: vorziehen **4 pupillus**: Bübchen **5 tundo** 3: stoßen **6 uter**: eigtl. lederner Schlauch, hier?

Vertiefung

Wo wird klar, dass der Verspottete einen sprechenden Namen hat?

143 text

Alesius,
carmen XXIV

Versmaß: eleg. Disticha

Ad Bassam

Te quia non futuo[1], rumores ore procaci[2]
  spargis me solos noscere[3] posse viros.
Hoc tibi persuasum est. Veram si quaerere causam
  vis et scire: Tuum, Bassa, roga speculum[4]!

1 futuo 3: ficken **2 procax**: frech, unverschämt **3 nosco**: 3 erkennen (in sexuellem Sinn, wie in der Bibel) **4 speculum**: Spiegel

144 text

Alesius, carmen XXVII

Versmaß: eleg. Distichon

Ad Bassum

Arrigis[1] ad vetulas[2], pendet tua cauda[3] puellis:
non ideo demens, provida sed potius.

1 arrigo 3: aufrichten **2 vetula**: alte Frau, Vettel **3 cauda**: Schwanz

■ **Vertiefung**

Welches Wort deutet die unausgesprochnene Pointe an?

145 text

Alesius, carmen XL

Versmaß: eleg. Distichon

Ad Labullam

Caecus[1] amor cum sit, poteris sperare, Labulla,
errans ut quondam te quoque conveniat[2].

1 caecus: blind **2 convenio** 4 (+ acc.): zusammenkommen mit jem.

146 text

Alesius, carmen XLIX

Versmaß: Phaläceischer 11-Silber

Ad superbum

Úrbané[1] nimis háud facís, Supérbe,
quod, cum te aspiciens saluto comis[2],
nullo tu pretio refers salutem,
quamvis sim facilis[3] tibique apertus
protendamque[4] manum meam libenter.
Sed transis acidus[5] trucique[6] fronte,
quam si citrea[7] tota devorasses[8].
Ignosco[9] tamen et volens, Superbe,
dulcis dum tua me salutat uxor.

1 **1 urbanus**: höflich **2 comis**: freundlich **3 facilis**: umgänglich, freundlich

5 **4 pro-tendo** 3: entgegenstrecken **5 acidus**: sauer **6 trux**: grimmig, finster **7 citreum**: Zitrone **8 devoro** 1: verschlingen **9 ignosco** 3: verzeihen

■ **Vertiefung**

Welche Rache für die Unhöflichkeit ist hier angedeutet?

147 text

Alesius,
carmen LII

Versmaß: Phaläceischer 11-Silber

Ad Lupercum de Lygia

Multi unam Lygiam volunt, Luperce,
frustra: Spernit enim obvios[1] amores.
Nolentes petit invicem[2] puella
affectatque[3] viros volens superbos.
Ergo quid facias, Luperce, apertum est:
Possis ut Lygiam, Luperce, noli!

1 **1 obvius**: entgegenkommend, freundlich
2 invicem: ihrerseits, von sich aus
3 affecto 1: zu gewinnen suchen

Vertiefung

Welches Verbum ist hier „prägnant“ gebraucht (➤ Anhang 2, S. 120)?

148 text

Alesius,
carmen LXIX

Versmaß: eleg. Disticha

Ad Nealcen

Non ego te futuam, quamvis sis pulcra, Nealce,
  stultula[1] quod nimium stultiloquaxque nimis..
Arrigo[2], cum video te, sed non depsere[3] possum:
  Quamvis mentula[4] ait[5], mens tamen usque negat.

1 stultulus: Deminutivum von stultus: dumm, dt.? **2 arrigo** 3: (ihn) hochkriegen **3 depso** 3: kneten, h. = futuo **4 mentula** = penis **5 aio**: ja sagen

Vertiefung

1 Wie ist *negat* zu übersetzen, sodass ein wirkungsvoller Kontrast im Schlussvers entsteht?

2 Welches Martialepigramm zeigt dasselbe Motiv?

149 text

Alesius,
carmen CIII

Versmaß: Herxameter

Mala maxima mundi

Quattuor aut tria si quaeris mala maxima mundi,
accipe: Sunt mulier, sunt femina, virgo, puella.

Anhang 1

Kostproben aus der „*BELLA BULLA*. Lateinische Sprachspielereien“

Gesammelt von Hans Weis (Ferd. Dümmler, Bonn o. J.)
Versmaß: Im Folgenden (1.–4.) sind Hexameter mit hochgestelltem A, Disticha und Pentameter mit B bezeichnet.

1. Lautmalerei:
Anonymus: Die stotternde Balba:
Balba „Vale!“ sponso[1] cum dixerat, inquit: „Apud nos
spero fu-futurum, te, Phi-philippe, brevi.“[B]

1 **sponsus**: Verlobter

2. Alliteration:
Professor Pontanus lässt nach durchzechter Nacht an der Tür des Hörsaals folgende Nachricht anbringen: Petrus Pontanus, professor publicus, propter pocula prohibetur praelegere.

3. Wortspiele:
Frühlingssturm: Ventorum violas violat[1] violentia vere.[A]
Vergiftet: Vi viri vir periit.
Auf die Mädchen: Est bellum bellum bellis bellare puellis.[A]
An apple a day keeps the doctor away: Modicus cibi medicus sibi.
Virga[2] et virgo: Virga[2] solet pueros, virgo domare viros.[B]
Femina: Flet, ridet, simulat, dat, petit, odit, amat.[B]
Monachi: O monachi, vestri stomachi sunt amphora Bacchi.[A]
(O ihr Mönche, eure Bäuche sind fürwahr des Bacchus Schläuche.)
Vos estis, deus est testis[3], turpissima pestis.[A]
Schopenhauer nach dem Tod einer Frau, der er eine Rente zahlen musste:
Obit anus, abit onus.
Alarich vor Rom: Te tero, Roma, manu nuda, date tela, latete![A]
Grabinschrift für einen Geschwätzigen: IACET TACET PLACET
Auf die Jesuiten (in der Zeit der Inquisition): Si cum Iesuitis, non cum Iesu itis.[A]
Auf dem Eton-College bei Windsor: Disce aut discede!

1 **violo** 1: beschädigen
2 **virga**: Rute
3 **testis**: Zeuge

4. Versus serpentinus:
Balnea, vina, venus corrumpunt corpora nostra,
sed vitam faciunt balnea, vina, venus.[B]

Abb. 28, 29, 30: *links:* ***Calidarium*** *(Warmbad) in Herculaneum, Mitte:* ***Attische Trinkschale*** *(5. Jh. v. Chr.), staatliche Kunstsammlung Kassel, rechts:* ***Venus Capitolina*** *(hellenistisch), Rom, Kapitolin. Museum*

5. Versus cancrini

(von cancer = Krebs) eleg. Disticha, die in umgekehrter Wortfolge (und mit teils verschobenen Satzzeichen) das Gegenteil des Ursprünglichen sagen:

Hochzeitswunsch: Coniugium tibi sit blandum[1] nec gaudia sumas
irrita[2]! Sis felix nec cito dispereas[3]!

Auf Luther: Sunt sacra, non mala sunt doctoris dogmata[4] nostri.
Dilige, ne spernas: est bonus, haud malus est.

Auf Päpste:

1. Laus tua, non tua fraus[5], virtus, non copia rerum
scandere[6] te fecit hoc decus eximium[7].
2. Pauperibus tua das, numquam stat ianua clausa,
fundere[8] res quaeris nec tua multiplicas.
3. Condicio[9] tua sit stabilis, non tempore parvo
vivere te faciat hic deus omnipotens!

1 blandus: schmeichelnd, reizend **2 irritus**: unnütz **3 dis-per-eo**: zugrunde gehen **4 dogma**, -atis n.: Lehrsatz **5 fraus**, fraudis f.: Betrug **6 scando** 3: besteigen, erklimmen **7 eximius**: außergewöhnlich **8 fundo**: 3 h. verteilen **9 condicio**: h. Stellung

Anhang 2

TROPEN UND FIGUREN

sind besondere Stilmittel. Sie kommen auch im alltäglichen Sprachgebrauch vor, werden aber besonders in der Literatur verwendet. Sie können folgende Ziele bzw. Wirkungen haben:

1. Sie verstärken die Eindringlichkeit des Gesagten und wecken die **Emotionen** des Lesers.
2. Sie meiden das Gewohnte und durchbrechen so die Erwartungen, um die Aufmerksamkeit des Lesers zu wecken. Die sprachliche **Verfremdung** soll den Intellekt reizen und eben dadurch ästhetisches Vergnügen bereiten.
3. Sie rufen **bildhafte Assoziationen** dadurch hervor, dass die Wörter nicht nur Zeichen für den gerade zu vermittelnden Sinn sind.
4. Sie machen es möglich, die **Sprachform** dem dargestellten **Inhalt** anzupassen, das Wort nicht nur als Sinnträger, sondern auch durch seinen Klang und seine Stellung wirken zu lassen.
5. Vor allem Tropen schaffen **Abwechslung** in der Wortwahl oder sind
6. dem **Metrum** zuliebe gewählt.

Es ist nicht immer möglich, die einzelnen Tropen und Figuren jeweils einem der genannten Ziele zuzuordnen. Mitunter werden es mehrere zugleich sein. Daher sind im Folgenden die Tropen und Figuren nicht nach den genannten Zielen, sondern, soweit dies möglich ist, nach sprachlich-formalen und logischen Kriterien bzw. alphabetisch geordnet. Texte sind dort angegeben, wo es zum vollen Verständnis zweckmäßig ist, den Textzusammenhang einzusehen.

TROPEN

(von griech. *tropé* = „Wende, Wechsel") sind Abweichungen der Wörter von ihrer eigentlichen Bedeutung. Ursprünglich geschah dies, weil man für neue Begriffe nicht immer neue Wörter prägte, sondern den Bedeutungsinhalt der vorhandenen erweiterte. Unter den Oberbegriff TROPEN fallen Metonymien (von griech. *met-onymía* = „Umbenennung") und Metaphern (von *meta-phorá* = „Übertragung"). Während bei der **Metonymie** ein **sachlicher, objektiver** Zusammenhang zwischen ursprünglicher und metonymischer Bedeutung besteht, entspringt die **Metapher** der **subjektiven** Phantasie des Autors (oder Sprechers), einem unausgesprochenen Vergleich; es besteht kein realer Zusammenhang zwischen Gesagtem und Gemeintem.

I. Metonymien

1. **Abstractum pro concreto**: *amor* Geliebte (wie dt. „Liebe"), *ius* Gerichtsgebäude, *iuventus* junge Leute (wie dt. „Jugend"), *humanitas* freundliche Gabe
2. **Concretum pro abstracto**: *sol* Tag, *lux* Leben, *faux* Kehle → Fressgier, dt.: Krone für Herrschaft
3. **Ant-onomasie** („Wortersatz") nennt man die Umschreibung durch eine Eigenschaft: *mortales* Menschen, *laniger* Wollträger → Schaf, *Paelignus poeta* → Ovid, *genitor* Zeuger → Vater, *natus* Sohn
4. **Eu-phemismus** („Schönreden"): *defungor* zu Ende bringen → sterben, *exitus* Ausgang → Tod, *fatum* Schicksal → Tod, *effero* hinaustragen → zu Grabe tragen. – Er ist von uns gegangen.
5. **Kausalmetonymie**: Die Ursache steht für die Wirkung: *lux* Tag, *nimbus* Wolke → Regen, *caelum* Himmel → Klima, Wetter.
6. **Litótes** („Schlichtheit"): Statt des Wortes wird sein verneintes Gegenteil gesagt: Die scheinbare Abschwächung wirkt verstärkend: *nec deformis* recht attraktiv, *famae non nimium bonae* von nicht allzu gutem Ruf → von üblem Ruf.
7. **Lokalmetonymie**: Der Ort steht für die Menschen: *domus* Familie (vgl. „Haus Habsburg"), *rus* Bauer; oder umgekehrt: *curia* Männerversammlung → Senatsgebäude (wie dt. „Parlament").
8. **Materialmetonymie**: Das Material steht für das Produkt: *ferrum* Schwert, *vellera* Wolle → Wollschal
9. **mythologische Metonymie**: Der Gott steht für seinen Bereich: *Venus* (oder *venus*) Liebe, Liebesverlangen; *Bacchus* oder *Liber* Wein; *Mars* Krieg.
10. **Pars pro toto** (der Teil für das Ganze): *tectum* Dach → Haus, *caro* Fleisch → Körper, *parma* Gladiator mit dem kleinen Schild.

II. Metaphern

Alte und geläufige Metaphern gehören der Alltagssprache an und werden nicht mehr als solche empfunden: eine „glänzende" Rede; die Frage „erhebt sich". Gelegentlich ist nur die metaphorische Bedeutung übriggeblieben: *decoctor* Bankrotteur (eigtl. „der zu Ende gekocht hat").

Spontanmetaphern sind Erfindungen eines Autors, die jedoch zu geläufigen Metaphern werden können.

Nach den Wortarten kann man unterscheiden:

1. **substantivische** M.: *sal* Salz → Witz; Anmut, *nota* Mal → Rüge durch den Zensor, *arx cerebri* die Burg des Gehirns
2. **adjektivische** M.: *salsus* gesalzen → witzig, *clarus* klar, hell → berühmt, *frons nubila* umwölkte → finstere Stirn, *coniunx lignea* hölzerne → spindeldürre Frau
3. **verbale** M.: *expugnare* erobern → für sich gewinnen (wie im Dt.), *amore ardere* in Liebe entbrennen (wie im Dt.), *me accendis* du zündest → spornst mich an. – Ein Sonderfall der verbalen M. ist die Personifikation: Leblosem wird die Tätigkeit oder der Zustand von Belebtem zugeschrieben: *libellus monet, clamor furit.* – Die Sonne lacht.

In der **Allegorie** beschränkt sich die Metapher nicht auf *ein* Wort, sondern ein ganzer Satz „sagt anderes" (griech. *állo agorásthai*) als eigentlich ausgedrückt ist:

Caper in ala habitat. Der Bock wohnt in der Achselhöhle (➤ T 14, V. 6).

Peras imposuit Iuppiter nobis duas. Juppiter hat uns zwei Säcke aufgeladen (➤ T 29).

Via lata gradior more iuventutis. Auf der breiten Straße gehe ich so wie die Jugend (➤ T 120, V. 17).

Nicht selten sind Sprichwörter allegorisch: Wer den Kern will, muss die Schale brechen (ist keine Anleitung für Eichhörnchen!)

Im Gegensatz zum Vergleich stehen das *Comparatum* (das Verglichene) und das *Comparandum* (was verglichen werden soll) nicht in Form eines „Wie ... so" hintereinander, sondern es wird nur das *Comparatum* gesagt, das *Comparandum* muss sich der Leser ergänzen.

FIGUREN

entstehen durch besondere Anordnung von Wörtern und Satzgliedern.

I. Phonetische Figuren (Klangfiguren)

1. **Alliteration** (Stabreim): Gleichheit der Anfangslaute: *Veni, vidi, vici. Membra movere mollius* (Horaz) ➤ auch Anhang 1, Nr. 2, S. 115.
2. **Assonanz** (Anklang): Häufung gleicher Vokale: *perluciduli deliciis lapidis* (➤ T 14, V. 4).
3. **Homoio-téleuton** („gleich Endendes", Reim): in der römischen Dichtung noch selten: entweder als Binnenreim (innerhalb eines Verses): *Cenaturit Vacerra, non cacaturit* (➤ T 97) – oder am Ende aufeinanderfolgender Verse, meist einsilbig (➤ T 18, V. 3, 4).
4. **Onomato-pöíe** (Lautmalerei): ➤ S. 115, 1.
5. **Par-onomasíe** (Nebeneinander ähnlichklingender Wörter, Wortspiel): *bellus et Sabellus* (Martial), *fingis et pingis* (Macrobius), *vitis ianua vitae* (➤ T 119). *Urbi et orbi.* – Erst wäge, dann wage! – Eile mit Weile! ➤ auch Anhang 1, Nr. 3, S. 115.

II. Figuren der Wiederholung und Ausdrucksfülle

1. **Aná-pher** (Anfangswiederholung): Wortwiederholung am Beginn aufeinanderfolgender Satzglieder oder Sätze: *veniebant ... magistratus, veniebant equites* (Cicero), *te noster vilicus horret, te dispensator, te domus* (Martial). Das Gegenstück zur Anapher ist die
2. **Epípher** oder **Epi-phorá** (Endwiederholung): *... pessimus omnium poeta, ... pessimus omnium poeta* (Catull). Eine Kombination von Anapher und Epipher ist der

3. **Kyklos** (Kreis): Wiederholung am Anfang und am Ende: *plora, si sapis, o puella, plora!* (Martial). – Herein, o du Guter, du Alter, herein! (Goethe). ➤ auch Anhang 1, Nr. 4, S. 115. – Das Gegenstück zum Kyklos ist die
4. **Ep-ana-lépse** (Wiederaufnahme): Wiederholung am Ende und Anfang: *a te sudor abest, abest saliva* (Catull).
5. **Geminatio** (Verdoppelung): Unmittelbare Wiederholung oder Wiederholung in Nahstellung: *„tune es, tune", ait, „ille Martialis?"* – Sieh da, sieh da, Timotheus … (Schiller).
6. **Polý-ptoton** („viele Fälle"): Wiederholung eines Nomens in unterschiedlichen Kasus: *Homo homini lupus (Plautus), patruus patrui* (➤ T 15, V. 6). – Und lass ihn noch die goldne Last zu andern Lasten tragen (Goethe).
7. **Pleonasmus** („Zuviel"): Überbestimmung eines Begriffs durch ein Zuviel an Wörtern, zur Intensivierung der Aussage: *secretas sedes latebrarum* die abgeschiedenen Plätze der Verstecke (Archipoeta).

Sonderformen des Pleonasmus sind:

8. **Syn-onymie**: Häufung bedeutungsgleicher oder -ähnlicher Wörter: *oras … rogasque* (Martial), *lusus deliciasque* (Martial). – Auf immer und ewig. – Kurz und bündig.
9. **Figura etymologica**: Prädikat und Objekt werden mit Wörtern des gleichen Stammes gebildet: *basia basiare* (Catull). – Gar schöne Spiele spiel ich mit dir (Goethe).
10. **Epítheton ornans** (schmückendes Beiwort): Einem Substantiv ist ein Adjektiv beigegeben, das für die beschriebene Handlung nicht von Belang ist, aber eine bildhafte Assoziation weckt: *cristati … galli* des kammtragenden Hahnes (Martial).

III. Syntaktische Figuren

1. **Ana-strophé**: Umkehrung einer gewohnten Stellung zwecks Voranstellung des Wichigen: *quos inter = inter quos, invideat quod = quod invideat.*
2. **A-sýn-deton** („Unverbundenes"): *laudat, amat, cantat* (Martial), *per convivia, porticus, theatra* (Martial). – Alles rennet, rettet, flüchtet (Schiller). Das Gegenstück ist das
3. **Poly-sýn-deton** („vielfach Verbundenes"): *et cupit et instat et precatur et donat* (Martial). – Und wiegen und tanzen und singen dich ein (Goethe).
4. **Chiasmus**: die umgekehrte Anordnung entsprechender Satzglieder: *cum puero bello bella puella cubat* (Catull); *praetores duo, quattuor tribuni* (Martial); *frustra metuis cupisque frustra* (Martial).

   Die Verbindung der entsprechenden Satzglieder ergibt den griechischen Buchstaben X (chi), daher der Name. Das Gegenstück zum Chiasmus ist der

   1   2
    X
2   1
5. **Parallelismus**: die parallele Anordnung entsprechender Satzglieder: *diei brevitas … noctis longitudo* (Cicero), *ista turpiculo puella naso* (Catull).
6. **Hypér-baton** („Überschreitendes", auch Sperrstellung genannt): Die Trennung von Zusammengehörigem gibt dem Satz Spannung und Rahmung, wichtige Wörter kommen dadurch häufig an die einprägsamen Versstellen (Anfang und Schluss): *fictis … fabulis* (➤ T 18, V. 7), *peras … duas* (➤ T 29).

IV. Sinnfiguren

entstehen, wenn der Autor pointiert und überraschend formuliert oder die gewohnte Sprachlogik überhaupt verlässt:

1. **Anti-these**: Gegenüberstellung von Gegensätzlichem, wobei diese Teile parallel oder chiastisch angeordnet sein können: *tanto pessimus … quanto tu optimus* (Catull). – Armut ist die größte Plage, Reichtum ist das höchste Gut (Goethe). – Eng ist die Welt und das Gehirn ist weit (Schiller).
2. **Ellipse**: Auslassung des Prädikats, wenn es sich aus dem Zusammenhang ergibt: *De mortuis nil nisi bene* (sc. *dicatur*)! *Maecenas quomodo tecum?* (➤ T 17, V. 43) *Quo tu* (sc. *is*)? (Horaz)

3. **En-allagé** (Vertauschung): Beziehung eines Adjektivs auf ein Substantiv, zu dem es streng logisch nicht gehört: *vulpes avidis rapuit dentibus* (Phaedrus) statt *vulpes avida ...; porticus terit seram.* Spät schleicht er durch die Säulenhalle (Martial) statt *serus* ... – Das braune Lachen ihrer Augen (Ludwig).
4. **Hen-dia-dyoín** („eins durch zwei"): Ein Gedanke (Begriff) wird durch zwei Wörter ausgedrückt: *labori atque itineribus* den strapaziösen Reisen (Cicero). – Wer reitet so spät durch Nacht und Wind? (Goethe).
5. **Hyperbel** (Übertreibung): *comitatus centum discipulis* (➤ T 68, V. 1), *amicam nolo mille librarum* (➤ T 98, V. 5). – Tausendmal besser.
6. **Ironie** (Verstellung): Man macht sich zum Schein die Einstellung des anderen zu eigen oder sagt das Gegenteil des Gemeinten: *pessimus omnium poeta* (➤ T 13, V. 5), *quia sum malus poeta* (➤ T 79, V. 10).
7. **Klimax** („Leiter", Steigerung): stufenweise Verstärkung des Ausdrucks: *laudat, amat, cantat nostros mea Roma libellos* (Martial).
8. **Oxý-moron** („geistvoll Törichtes"): Ein Ausdruck, der Widersprüchliches vereinigt und daher auf den ersten Blick dumm, auf den zweiten geistvoll erscheint: *uxori nubere nolo meae* (➤ T 80). – Beredtes Schweigen. – Alter Knabe.
9. **Pará-doxon** („wider Erwarten"): In einem Satz werden Aussagen verbunden, die nach der Alltagserfahrung einander ausschließen. Zum Unterschied vom Oxymoron liegt der Widerspruch aber nicht an der Oberfläche der Formulierung, sondern in der Sache selbst und löst sich daher bei näherem Hinsehen nicht auf: *sol niger* ein schwarzer Tag; *fovetur aquis, incidit in flammas* (➤ T 39, V. 5), *tres quaeris natos, quattuor invenies* (➤ T 81, V. 6). – Weniger wäre mehr gewesen.
10. **Prägnanz** (Sinnträchtigkeit: *prae-gnans* = schwanger): in einem Wort ist ein weiterer Begriff mitenthalten: *forma* schöne Gestalt, Schönheit; *cubare* krank liegen (Horaz). – Sei ein Mann!
11. **Pro-lépse** (Vorwegnahme): Die vorwegnehmende Zuordnung einer Eigenschaft, die erst durch die im Satz dargestellte Handlung entsteht: *et tegitur pictis sordida calva comis* (➤ T 76, V. 2): erst mit den gemalten Haaren wird die Glatze „geschwärzt" *(sordida)*! – Ihm schloss auf ewig Hékate (die Todesgöttin) den stummen Mund (Schiller), statt: den Mund, sodass er stumm war. – Rote Eier färben.
12. **Rhetorische Frage** (in Reden häufig): statt einer verneinten Aussage, erwartet keine Antwort: *Tecum Lesbia nostra comparatur?* (Catull). *Quid diutius moror?* (Petron).